Livret éducatif pour les filles qui ont toujours envie de faire pipi !

Marie-Périnée
Goguenot

Ce livret appartient à ....

- ❑ Petite pipiteuse occasionnelle
- ❑ Pipiteuse fréquente
- ❑ Grosse pipiteuse multirécidiviste
- ❑ Véritable passoire

(Cocher la bonne option)

VENTS D'OUEST

Pour le plus prévenant et le plus compréhensif des chéris,
avec qui c'est toujours un bonheur de faire une pause-pipi.

Marie-Périnée

Couvent Sainte-Cécile
37 rue Servan - 38000 Grenoble

www.ventsdouest.com

Dépôt légal : octobre 2013
ISBN : 978-2-7493-0742-8
Achevé d'imprimer en France en septembre 2013 par Pollina,
sur papier provenant de forêts gérées de manière durable.

L'auteur

Marie-Périnée Goguenot

Spécialiste en nanovessie

Enfant surdouée à la vocation précoce, Marie-Périnée Goguenot a commencé à faire pipi dès son plus jeune âge.

Durant ses études, elle fréquentera assidûment les toilettes de la faculté, où elle préparera sa maîtrise en Latrinologie Appliquée, et se formera au passage à l'illustration en dessinant des zigounettes au stylo bille sur les portes des WC.

Après 35 ans de pratique quotidienne, elle est aujourd'hui une pipitologue de renom, connnue dans toutes les aires d'autoroute de France ; avec cet ouvrage, elle donne ses lettres de noblesse à une science jusque-là méconnue du grand public, les mystères de la pipitologie féminine et des nanovessies.

Ce livre a été rédigé sous le haut patronage de

La Ligue des Hommes Malins

L'Homme Malin sait tout mieux que vous, il a toujours un bon conseil à vous dispenser sur la façon dont vous auriez dû gérer votre petite vessie de pisseuse. En clair, vous ne devriez jamais rien boire, hormis ses conseils et son immense sagesse.

Le Haut Comité des Mères Blasées

La Mère Blasée en a vu d'autres, elle vous a assez torchée quand vous étiez bébé, alors pas de fausse pudeur, c'est la nature, hein ! Et puis de son temps, on faisait pipi derrière une botte de foin en se torchant avec des ronces, alors pas la peine de faire votre chochotte.

Charte de bonne conduite

Parce que ce livret éducatif se veut un apprentissage concret vers des lendemains radieux baignant dans l'harmonie, la sérénité et la compréhension mutuelle...

La pipiteuse s'engage :

➔ à réduire drastiquement le nombre de ses pipis illégaux sur le sol français.

➔ à relancer l'industrie des couches-culottes en France.

➔ à protéger l'écosystème fragile des WC publics.

➔ à contrôler plus étroitement les flux pissotiers en libre circulation dans sa culotte.

➔ à RIEN, mais je suis ravie de savoir que je ne suis pas la seule à me plaindre, et je veux que le monde entier compatisse à nos galères urinaires grâce à la lecture de ce manuel.

➔ à ....
....
....
....
....
....

Signature :

....

Ses proches s'engagent :

➔ à ne plus stigmatiser les minorités pissotantes par des reproches inutiles.

➔ à faire preuve de solidarité avec les vessies défavorisées dans les moments difficiles.

➔ à ne plus jamais demander "T'en as mis un temps, qu'est-ce que tu foutais là-dedans?" sous peine de poursuites judiciaires.

➔ à lui accorder l'amnistie en cas de débordements sur la voie publique.

➔ à RIEN, on continuera à te charrier comme avant, hé, la pisseuse-euh !

➔ à ....
....
....
....
....
....

Signature :

....

« Le livret éducatif pour les filles qui ont toujours envie de faire pipi » vous a été offert par ....

- ❑ Vous-même ; vous adorez vous faire des cadeaux.
- ❑ Votre homme et son humour légendaire.
- ❑ Un ami ou un collègue taquin.
- ❑ Une pipiteuse de votre entourage.

Avertissement

Rédigé avec le plus grand soin par des professionnelles du domptage de vessie et du pipi en milieu hostile, cet ouvrage est conseillé à toute personne régulièrement confrontée à des désagréments pipiteux et à l'incompréhension de son entourage. L'ouvrage est contre-indiqué aux personnes trop émotives, sa lecture présentant un risque de fuite urinaire consécutive à un fou rire.

Bien que non confrontée à la problématique d'accès aux toilettes, la gent masculine est vivement encouragée à le consulter.

** En cas de perte ou de vol de ce livre, ne prévenez personne, ne faites aucune démarche, et si quelqu'un vous le rapporte en ricanant, niez fermement avoir jamais été propriétaire d'un tel ouvrage.*

PIPI !
VIIITE !!!

Sommaire

Cadeaux !

... OUI MAIS ÇA FAIT 100 ANS QUE J'AI PAS FAIT PIPI, PRINCE !!!
... ALORS D'ABORD JE FAIS PIPI, APRÈS ON SE MARIE !

1

Attends, c'est pas le moment !

Pipita Gonzalez, experte en sépalmomentologie

spécialiste des plans foireux et spéléologue de la lose,

a testé pour vous 10 situations gênantes à éviter.

1 Le parc de Versailles

Des jardins immenses, des allées pleines de touristes, des bassins et des fontaines par centaines... mais un seul point-pipi sur quatre hectares, cherchez l'erreur. Et à en croire le plan, on est pile à l'opposé, à plusieurs jours de marche par vent contraire, et sans boussole. Le chemin est laborieux, il faut admirer chaque buisson, s'arrêter devant chaque statue, lire sa petite plaque historique... (et pas question de jouer les nymphes en faisant pipi au milieu du bassin de Vénus).
Et bien sûr, à l'arrivée devant les WC du "Hameau de Marie-Antoinette", une file d'attente royale...

Le truc à faire :
décapiter toutes les dames de la file d'attente en prétextant une reconstitution historique. Abolir les privilèges et prendre d'assaut les WC pour hommes (qui sont quasi vides, comme la Bastille).

Le truc à éviter :
faire des jeux de mots triviaux sur "les Grandes Eaux de Versailles /les Grandes Chasses d'eau de Versailles", et finir ainsi de passer pour une brute épaisse auprès de vos délicats amis versaillophiles.

Le cimetière

Repose en paix, tata Renée. Dieu t'a accueillie auprès de lui pour l'éternité... D'ailleurs, on espère pour toi qu'il a pensé à créer des WC au paradis. De longues rangées de WC, propres, immaculés, sans gougoutte sur le rebord, avec des nuages moelleux en guise de PQ éternel. Alors qu'en enfer, tu devrais te retenir de faire pipi pour l'éternité, en te tortillant de douleur dans une file d'attente de damnées.
La messe a été longue, le trajet jusqu'au cimetière aussi, et Mlle Vessie est à deux doigts de rendre l'âme, elle aussi. Les toilettes du cimetière sont HS depuis une cinquantaine d'années, il n'y a même plus de porte, d'ailleurs vous êtes certaine d'y avoir aperçu un fantôme.

Le truc à faire :
simuler un malaise pour s'esquiver avant les autres ("La pauvre, elle est tellement sensible...").

Le truc à éviter :
confondre un pot de fleurs avec un pot de chambre, et arroser les fleurs à la place du jardinier. Se dire que ces petites chapelles funéraires ont tout juste les dimensions de cabines WC.

L'autocar régional

Pour les longs voyages, les cars sont toujours équipés de toilettes, vous pouvez donc voyager l'esprit serein (à moins qu'un camarade gastriste n'établisse un piquet de grève dans les WC). Mais si vous tentez un Poitiers-Niort en petit autocar régional avec la vessie pleine, et que vous craignez d'offenser Ségolène en humectant un bus de Poitou-Charentes, il vous faudra descendre au prochain arrêt, quel qu'il soit. Et ce sera obligatoirement un hameau sinistre, plein d'enfilades de petites rues vides, où vous n'êtes même pas sûre de trouver un bar ouvert, mais où vous êtes certaine de devoir attendre 2 h en plein no man's land rural que le prochain bus daigne passer.

Le truc à faire :
draguer le chauffeur moustachu et le persuader de vous attendre 5 min ; si vous êtes moche ou s'il est gay, pensez au moins à lui demander les horaires de passage des prochains bus.

Le truc à éviter :
déchiqueter nerveusement le Kleenex dans la poche de votre blouson : vous en aurez peut-être besoin tout à l'heure dans les WC du PMU de Bourbeville.

4 Le bord de mer

Il y avait bien une Sanisette près de la plage à touristes mous, entre le manège idiot et le vendeur de glaces à 15 euros la boule ; mais vous, vous êtes une solitaire, crénom d'une moule, une aventurière ! Vous vouliez aller là où le commun des manants ne va pas, là-bas, tout au bout de la presqu'île, sur le rocher perdu battu par le vent ! Voilà donc des heures que vous longez la côte, les cheveux au vent et la vessie en bandoulière !... Vous longez, longez, longez... des plages, des dunes, des falaises, pas assez fréquentées pour avoir des toilettes, mais pas assez désertes pour pissouiller tranquillement derrière le premier bigorneau venu.

Le truc à faire :
pipi dans la mer tout habillée, comme une fille super cool. Vous ressortez mouillée, certes, mais nettoyée. La mer, qu'on voit danser le long des golfes clairs, n'est finalement qu'un vaste bidet aux reflets d'argent.

Le truc à éviter :
se faire griller toutes fesses dehors par d'autres promeneurs, et se torcher rageusement avec une mouette qui rigolait un peu trop près de vous...

5 Au cinéma

AVANT LE FILM : En grand stratège, l'Homme malin vous conseille de prendre vos précautions pendant les pubs, comme tout le monde. Bilan : vous attendez (l'auteur veut dire vous faites la queue ? ou vraiment vous attendez (sous-entendu dans les WC) ?) dix minutes pour lâcher trois gouttes, alors que vous n'aviez même pas envie.

PENDANT LE FILM : Une heure plus tard, votre thé à la menthe est enfin arrivé à destination, terminus, tout le monde descend. "Pardon ! Pardon !" Après avoir vidangé le plus rapidement possible, vous vous essuyez vite fait une moitié de craquette, et reboutonnez votre slim dans le couloir pour gagner du temps, sous le regard amusé de l'ouvreuse. Malgré votre rapidité, vous avez loupé la scène d'amour capitale où Batman roule une pelle au Joker, mais vous arrivez pile pour la poursuite interminable en voiture.

APRÈS LE FILM : Toutes celles qui se retiennent un poil mieux que vous se sont ruées aux WC, la bave aux lèvres, dès la première note du générique de fin.
Ricanez, levez le menton, bombez le string et snobez ces pauvresses : vous avez déjà fait pipi, vous, hahaha !

SUR LE CHEMIN DU RETOUR DANS LES EMBOUTEILLAGES : Et zut. Finalement, vous auriez peut-être dû y retourner à la fin du film, le thé c'est vraiment très diurétique

6 Au téléphone

Le salaud, il l'a trompée, ils se sont disputés, il a craché dans son gratin d'aubergines, piétiné son chat et refilé une MST à son canari : elle a absolument besoin d'une copine pour ponctuer son récit téléphonique d'exclamations indignées ("Quoi ? Non ! Han, ma pauvre !"). L'heure est grave, elle souffre atrocement, depuis au moins une heure et quart ; vous aussi, mais en silence.

Le truc à faire :
un pipi de chat discret et silencieux, sans l'interrompre.
Le truc à éviter :
tirer la chasse.

7 L'accrobranche

"Waow, tu vas voir, c'est super génial !" En tenue de combat, harnachée comme un bourrin, suspendue à 30 m de hauteur sur des rondins idiots en pleine forêt, en voilà une chouette position quand on a une grosse envie pressante ! Si en plus vous êtes sujette au vertige, et que le stress émotionnel se rajoute au Coca Light, vous allez adorer cette activité.

Le truc à faire :
pipi du haut de l'arbre, comme les pigeons, en essayant de bien viser la tête du camarade responsable de ce défi à la noix.

Le truc à éviter :
les enterrements de vie de jeune con.

8 Le coin trop cool

Dans toutes les villes, il y a toujours un coin branchouille un peu à l'écart, connu seulement d'un microcosme d'initiés (95 % des jeunes de moins de 30 ans), et où il FAUT aller pique-niquer et picoler les soirs de printemps, parce c'est trop cool, tu vois ! Un pont, une berge, une plage, une pelouse sur laquelle on s'assoit par grappes de dix, et où on s'enfile bières et sodas jusqu'à épuisement des stocks. La nuit tombe...
Voilà que sonne l'heure où toute la bibine ingurgitée décide de reprendre sa liberté ; il est tard, les quelques bars à ploucs du coin ont fermé, le prochain bus passe dans une heure, et vous errez désormais la vessie pleine au royaume de la défonce, au milieu de zombies et de zivas.

Le truc à faire :
réquisitionner un(e) camarade pour faire le guet, et lâcher un fulguro-pipi entre deux voitures, ou entre deux cailloux. C'est l'heure où les camés deviennent affectueux, alors il vaut mieux être deux.

Le truc à éviter :
c'est le buisson ardent aux effluves radioactifs, sponsorisé par tous les jeunes gars bourrés du coin, qui se relaient pour assurer l'arrosage automatique. Et pour une jeune fille, pipiter là, spapossib'.

9 Le concert classique

Vous voilà placée au centre du parterre, encerclée de vieux mélomanes fanatiques qui font "chut-chut" si vous clignez des yeux un peu trop fort. En fille raffinée, vous écoutez religieusement les deux premiers mouvements de la symphonie ; mais au cinquième, vous êtes à deux doigts de prendre à la lettre l'expression "pisser dans un violon". Non mais on n'a pas idée d'aligner autant de notes aussi, c'est beaucoup trop long son truc, à Mozart, là…

Le truc à faire :
aller à un concert de Tokio Hotel, c'est moins guindé et vous serez entourée de pisseuses.
Le truc à éviter :
sortir avec un violoniste.

10 La file d'attente

Samedi 19 h 30, deux caissières, et 35 personnes qui réapprovisionnent le bunker pour la prochaine guerre nucléaire : c'est parti pour 20 minutes de stress à transpirer bravement de la fesse. Alors que vous touchiez au but, vous recevez l'ultime signal de détresse : votre vessie ne survivra pas à ce problème de carte bleue récalcitrante. Il ne vous reste qu'à abandonner rageusement vos achats et courir vessie à terre jusqu'à la maison. .

Le truc à faire :
être enceinte.
Le truc à éviter :
les vieux et les radins à bons d'achat.

Mais aussi…

Pendant un entretien
"Oui, madame la DRH, si mon genou s'agite fébrilement sous la table, c'est parce que je suis réellement très impatiente de venir collaborer à la réussite de votre entreprise de pâtée pour chiens."

En plein sommeil
"Oui, Dumbledore, je sais que je dois aller exterminer cette horde de comptables maléfiques à coups de fromage périmé, mais ma vessie m'ordonne de me réveiller pour aller faire pipi."

Pendant l'amour
"Oui, chéri, après trois heures d'amour tantrique, on approche du Nirvana… Mais là, on va plutôt la jouer « Sex and the pipi » : en attendant que je revienne du petit coin, tu vas faire comme moi, tu vas te retenir…"

Dans le métro
"Oui, monsieur le contrôleur, c'est vrai que je viens de frauder ; mais regardez, j'avais bien composté un ticket pour ce trajet, je suis juste ressortie 5 minutes du métro pour faire pipi dans un café, juré !"

Dans le métro bloqué
"Oui, Maurice, on a bien entendu tes quinze annonces micro, on le sait que la rame est arrêtée en pleine voie. Ce qu'on voudrait savoir, c'est quand est-ce qu'elle redémarre, sinon les vieux clodos incontinents ne seront bientôt plus les seuls à parfumer la rame…"

PLUS VIIIITE !! DÉPÊCHE-TOIIII... !!
SI JE ME PRENDS UN PV POUR EXCÈS DE VITESSE...
... J'ESPÈRE QU'ON T'EN COLLERA AUSSI UN POUR DÉLIT DE FUITE !

2

Les joies de la voiture

Piscsilla Claustrot, déléguée syndicale des Emmerdeuses

conseillère en chantage diplomatique et professeur de physique quanséconsarrêtique, vous dévoile l'art complexe du pipi routier.

Road Flip

Le périphérique

Autrefois encerclé de hauts remparts et de douves boueuses, Paris est aujourd'hui protégé par le "périphérique", un procédé dissuasif autrement plus efficace. Un système complexe de bouchons permet en effet de bloquer tous ceux qui veulent entrer ou sortir de Paris, et d'asphyxier à 200 m à la ronde tous ceux qui essaieraient de s'en approcher à pied. Jamais Hitler ne serait entré dans Paris si Paris avait eu un périphérique bouché.

L'autoroute

Une formidable invention humaine grâce à laquelle on a le temps de se poser de vraies questions existentielles : comment font les dames des péages pour faire pipi ? Est-ce que c'est encore loin, l'aire de repos ? À quoi sert la bande d'arrêt d'urgence si on ne peut même pas s'y arrêter pour faire pipi ? ("S'arrêter sur la bande d'arrêt d'urgence ? Mais t'es folle, tu veux nous tuer !")

La route communale

Par ici, la France est aussi profonde que les ornières sur la chaussée, et le dos-d'âne est une véritable spécialité régionale. Pas de bol, vous n'avez pas de VTT (vessie tout terrain). Après 18 km de trampoline, vous baisez les pieds de Maurice, propriétaire du seul PMU ouvert à 30 km à la ronde, avec WC à la turque comme option grand luxe.

TOISON FUTÉE

Dans un monde parfait, il existerait aussi un système d'information sur l'état des toilettes, avec un panneau affichant les indications importantes et les problèmes divers.

Les indispensables

Avec le **permis de conduire** et la **roue de secours**, voici une liste de **petites choses à prendre** avec vous pour affronter sereinement les **trajets à hauts risques**.

Un enfant

Un enfant est un accessoire très utile en voiture ; perpétuellement assoiffé, ce prédateur naturel de briques de jus de fruits fournit un excellent alibi pour des arrêts fréquents, et dispose d'une forte puissance de persuasion vocale lorsque le besoin s'en fait sentir.

Un rideau

Un foulard, une grande serviette, un paréo… Quand vous serez au pied du mur, en short et en débardeur, vous serez ravie d'avoir sous la main un paravent pour dissimuler vos petites manœuvres gênantes.

La vessie de secours

En cas d'urgence, ne brisez pas la vitre (ça coûte cher à réparer). Mais prévoyez une vessie de secours : bouteille plastique, Tupperware, étui à lunettes, trousse à maquillage, éponge, biberon, serviette hygiénique, sac plastique, chaussure…

L'entonnoir à pipi

Disponible pour 20 à 30 euros sur Internet, il existe de nombreux modèles de petits entonnoirs féminins, pour faire pipi debout au bord de la route (ou assise dans la voiture), allant du modèle en carton jetable au modèle en plastique "hydrophobe" et réutilisable.

Un paquet de mouchoirs

À recharger régulièrement si vous ne voulez pas connaître un jour la désagréable sensation de s'essuyer avec l'emballage plastique d'un paquet de mouchoirs vide.

Comment reconnaître
envie de

Phase 1 Négation du problème

Phase 2 Prise de conscience. La fille...

une fille qui a très **faire pipi**

PIPI - 10 min

Phase 3 Montée de stress. La fille...

PIPI - 5 min

Phase 4 Panique et agressivité. La fille...

Comment reconnaître
envie de faire

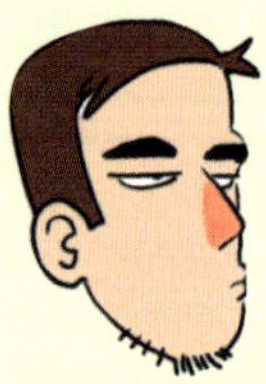

"... (rien)..."

➔ Impassible, il fait celui qui n'a rien entendu. Vos préoccupations bassement matérielles sont si vulgaires...

Sortez la fusée de détresse de la boîte à gants et tirez-lui dans le genou, pour être bien sûre d'attirer son attention.

PPP : 0/20
Nulle

"... Si, si, j'ai entendu..."

➔ Méfiez-vous, "j'ai entendu" ne veut pas dire "j'ai compris"... Et une heure plus tard : "Aaah, tu voulais que je m'arrête ? J'avais pas compris que c'était si urgent."

Adressez-lui votre demande par lettre recommandée avec AR, c'est plus sûr.

PPP : 4/20
Quasi nulle

"Bon, ça va, moi aussi j'ai envie, hein !"

➔ Attention, tentative de concurrence victimiste pour désamorcer la plainte. Il essaie de vous apitoyer en racontant des bobards.

Pleurnichez, il n'osera pas surenchérir à ça.

PPP : 6/20
Mal barré

"[grogne]"

➔ Espère vous décourager d'insister avec sa tête de sale gosse contrarié, ses petits poings crispés sur le volant et son grognement de Cro-Magnon intraitable.

C'est un bras de fer qui s'engage. Il va falloir hurler et taper des pieds jusqu'à ce qu'il craque.

PPP : 8/20
Peu d'espoir

"Rho encore ! Tu fais chier, hein, t'avais qu'à moins boire."

➔ Moralisateur culpabilisant. S'il pouvait, il vous mettrait le nez dans votre pipi pour vous punir d'avoir bu votre Coca.

Il n'a pas compris qu'on ne raisonne pas avec une vessie.

PPP : 10/20
Peu probable

un homme qui n'a pas de pause-pipi ?

"... Oh oui mais c'est ballot, j'peux pas me garer ici !... On verra plus loin"

➔ Mauvaise foi éhontée. Il vous prend pour une cruche.

Proposez-lui de faire des choses cochonnes, vous verrez qu'il trouvera vite où se garer.

PPP : 12/20
Envisageable

"Euh... après la N48, c'est la D27 ou la D47 qu'on prend ? Vérifie sur la carte..."

➔ Tentative de détournement d'attention.
Il vous feinte comme si vous étiez un gosse pénible.

Regardez quand même la carte, au cas où il serait VRAIMENT paumé.

PPP : 14/20
Possible

"Bon OK, je m'arrête, mais tu feras la vaisselle ce soir !"

➔ Sale fourbe profiteur qui abuse de la situation.

Faites semblant d'accepter le deal, puis portez plainte pour abus de faiblesse et prenez sa mère en otage.

PPP : 17/20
Probable

"[soupire à s'en décoller les poumons]"

➔ Vous avez gagné, c'est le râle du mâle vaincu cédant à la ténacité féminine pour avoir la paix.

Restez quand même vigilante et continuez le harcèlement jusqu'à l'arrêt complet du véhicule.

PPP : 18/20
Imminente

"Houlà ! Et c'est urgent ? Je m'arrête dès que je peux, courage !"

➔ Ce mec veut vous épouser (si c'était déjà fait, il ne vous traiterait plus avec tant d'égards).

Surveillez-le de loin pendant votre pause pipi, de peur qu'on vous le pique.

PPP : 20/20
Certaine

L'homme refuse de s'arrêter !

L'homme est efficace ; l'homme veut arriver à destination le plus vite possible, car il n'aime pas perdre son temps (sauf bien sûr devant les jeux vidéo). Pour stopper les obsédés du chronomètre, les psychorigides de la feuille de route, et les pilotes des 24 Heures du Mans, il y a :

La torture

Un karaoké sur n'importe quelle chanson de Christophe Maé fera très bien l'affaire. Sinon, commencez à dire du mal de sa mère, de ses amis, et à faire le récapitulatif de tous vos griefs à son encontre, depuis le dentifrice mal rebouché jusqu'à ses petits problèmes d'érection…
Arrêt garanti. (En revanche, pas sûr qu'il ne redémarre pas sans vous.)

La prise d'otage

"Si tu veux revoir un jour ces deux nichons de ton vivant, obéis et fais très exactement ce que je vais te dire sans poser de questions."

Le défi

Dans 10:00 minutes chrono, votre vessie explosera. 09:59, 09:58, 09:57… Il aime les films d'action et il a vu l'intégrale de 24 h chrono ? Maintenant, à lui de trouver une solution d'urgence afin de déjouer la menace bio-urinaire qui pèse sur le siège de sa voiture. S'il échoue, tout sera sa faute.

Le permis

Mais oui, passez donc enfin votre permis et prenez le volant ! Vous n'aurez plus besoin de pleurnicher après le bon vouloir masculin !

CADEAU

La jauge à PIPI !

Quand la jauge à essence de la voiture est presque vide, le voyant rouge clignote et l'homme s'arrête naturellement pour faire le plein. En revanche, il a parfois du mal à visualiser l'état de la vessie de sa passagère. Suspendez au rétroviseur le niveau de votre petit réservoir à vous, actualisable en temps réel.

Découper et fixer le curseur au centre avec une attache parisienne.

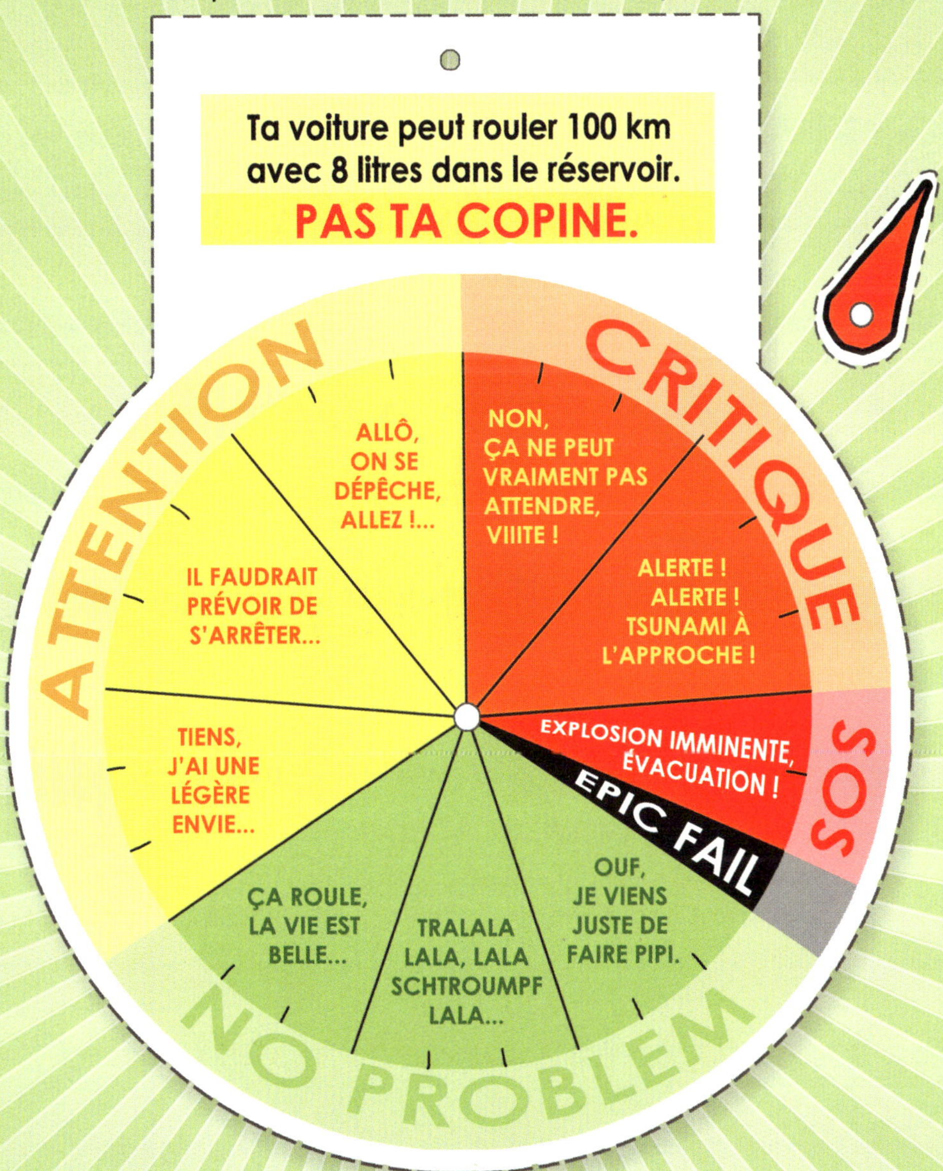

LIVRET ÉDUCATIF POUR LES FILLES QUI ONT TOUJOURS ENVIE DE FAIRE PIPI!

À faire... (ou pas)

1. Lire un livre
NON, vous aurez envie de vomir en plus d'avoir envie de faire pipi.

2. Plaisanter pour déstresser
NON, vous risquez un fou rire (fuite assurée), et votre entourage ne prendra pas votre problème au sérieux.

3. Pleurer (pour pisser moins)
OUI, l'envie ne diminue pas mais les gens autour sont attendris.

4. Serrer les fesses
OUI, excellent pour les abdos, demain vous aurez des courbatures de sportive témoignant de votre mérite.

5. Mentir
OUI, si vous commencez à parler de gastro-entérite, vous verrez que le conducteur s'arrêtera beaucoup plus vite.

6. Du chantage
OUI, menacer de faire la grève du sexe vous donne normalement l'avantage.

7. Chercher un raccourci
NON, impossible de se concentrer correctement sur une carte la vessie pleine.

8. Un excès de vitesse
NON, et quand bien même, les 12 km de bouchons vous en empêchent.

9. S'arrêter sur la bande d'arrêt d'urgence
OUI, parce qu'on trouve plus dangereux de conduire en tentant de pisser dans une bouteille d'une seule main.

10. Descendre en pleine voie
OUI, si vous voulez mourir ou provoquer un accident.

Le mythe de la bande d'arrêt d'urgence

> Tu sais que la durée de vie moyenne sur la bande d'arrêt d'urgence n'est que de 20 min ?! Tu es folle ?! Tu veux tous nous faire tuer ?"

La prochaine fois, vous pourrez répliquer qu'il s'agit d'une intox :

1) Cette statistique ne concerne que le temps moyen passé par les piétons **qui sont morts** sur la BAU (soit à peine 20 morts par an), **mais ne tient absolument pas compte des milliers de gens qui en sont repartis vivants...**

2) De toute façon, vous n'avez besoin que de 3 minutes (pas de file d'attente ici, au moins).

3) Vous avez un joli gilet jaune fluo à rentabiliser, et vous connaissez très bien les consignes de sécurité.

Et puis soyons sérieux : voilà trois heures que vous gémissez dans un embouteillage monstre, en avançant à une vitesse de pointe de 3 km/h... alors qui peut croire qu'un bolide fou va venir vous percuter ? À part une collision brutale avec un escargot ou un pigeon, désolée, on ne voit pas.

(Oui, parce qu'on a rarement besoin de pause-pissouiller en catastrophe sur la bande d'arrêt d'urgence quand l'autoroute est fluide et dégagée...)

Notre-Dame de l'Incontinence

Si vous songiez à implorer une protection divine pour surmonter cette épreuve, sachez qu'il n'existe pas encore de sainte patronne des pisseuses...

➔ Il y a bien saint Christophe, qui protège les voyageurs des accidents de voiture... mais d'un genre plus grave.

➔ Sinon, il reste saint Guy ou saint Honoré de Buzançais contre "les maux de ventre et les coliques"...

Mais tout ça est bien trop vague. Et je crois que nous sommes toutes d'accord pour dire qu'il devrait absolument s'agir d'UNE "sainte patronne", la sainte patronne des petites vessies.

La bonne nouvelle, c'est que, la place étant disponible, VOUS serez peut-être un jour cette sainte, que des milliers de filles désespérées imploreront au milieu de leurs souffrances routières... sainte Noémie du Périphérique, sainte Sandy de l'A86, priez pour nous.

Vous pouvez postuler en nous renvoyant le coupon ci-dessous.

À la recherche de la nouvelle sainte

Nom...

Prénom...

Date de naissance...

Ville..

Nom sous lequel vous souhaitez passer à la postérité (ex. : sainte Jennifer de Melun, sainte Perrine du Périph)

....

Témoignage de votre martyr.......................................

....

....

....

....

... TU BOIS PLUS ? POURQUOI, TU CONDUIS ?
NAN, JE FAIS PIPI !

3

Un peu de prévention

Latrina Kouchkulotova, docteur en diurétologie appliquée

et auteur du best-seller Le Tour du monde en 80 jours sans pause pipi, vous rappelle les règles élémentaires en matière de prévention urinaire.

La prévoyance, ce n'est pas seulement un mot inventé pour vendre des assurances-obsèques aux petits vieux pendant les pubs sur France Télévision. C'est aussi adopter un comportement responsâble pour une vessie durâble.

De quoi dois-je me méfier ?

- **Les diurétiques**, qui augmentent la quantité d'urine produite : la caféine (thé, café, cola) et l'alcool (qui de surcroît diminue le contrôle du cerveau sur les muscles, y compris… sur ceux de la vessie).

- **Les aliments à forte teneur en eau** : les fruits et légumes (65 à 95 % d'eau), dont certains sont également diurétiques (raisin, pamplemousse, citron, chou, poireau…) ; mais aussi les yaourts et le fromage blanc (75 à 85 % d'eau). Et bien sûr, les potages et les soupes, qui figurent en haut de la liste.

- **Le froid**, car votre corps mobilisera prioritairement son énergie pour maintenir sa température corporelle… plutôt que de s'épuiser à retenir ce gros pipi inutile et encombrant.

- **La déshydratation**, qui rend l'urine plus concentrée et plus irritante pour la vessie. N'essayez donc pas de vivre comme un chameau, car une déshydratation chronique fragilise la vessie face aux infections urinaires.

- **Certains médicaments**, comme les antidépresseurs, les anxiolytiques, les antispasmodiques ne sont guère appréciés par la vessie, et peuvent parfois l'irriter. De même que certaines épices, et les aliments acides (tomates, agrumes…).

- **Le bruit de l'eau, le stress, la peur ou les menstruations** sont autant de facteurs aggravants, psychologiques ou hormonaux.

Combien de verres je peux boire ?

La capacité moyenne de la vessie est de 500 ml environ, variant de 250 à 600 ml selon les individus.
L'appel du pipi se déclenche aux alentours de 300 ml (une grosse tasse), et se transforme en un violent râle de désespoir primitif à partir de 400 ml.
De manière générale, il est inutile de boire plus de 1,5 l par jour (sauf en cas d'activité sportive intense, de grosse chaleur ou de problème médical).

Est-ce que ma vessie peut exploser ?

Non, une vessie, ça déborde, ça se coince ou ça se relâche, mais ça n'explose pas… sauf, bien sûr, si on a signé un CDD de kamikaze chez Al-Qaïda (ou en cas de traumatisme violent, type accident de la route ou fracture du bassin).

Combien de temps je peux me retenir ?

Tout dépend de la taille de la vessie, de l'âge, de l'état du muscle, mais aussi :
→ de la quantité de liquide bu les heures d'avant,
→ de la quantité de liquide contenu dans les aliments ingérés,
→ de la quantité d'eau éliminée par transpiration, donc de la température ambiante,
→ des activités pratiquées (repos, sport, sommeil…).
Pendant une nuit de sommeil, il est courant de pouvoir se retenir plus de 12 heures sans problème. Mais en journée, **une quinzaine d'heures**, c'est déjà un mini-exploit. Au-delà, ça peut devenir problématique (accumulation de toxines, fragilisation des reins…).

Je risque quoi si je me retiens trop ?

Si c'est un exploit accidentel :
Trois heures de lutte acharnée pour épargner les sièges de la voiture ?

- Vous avez contracté de façon inhabituelle toute la zone du périnée, vous êtes bonne pour de grosses courbatures pendant deux ou trois jours, comme après une séance d'abdos intensive.

- Passé une certaine limite, vous risquez le globe vésical (ou rétention aiguë d'urine) : votre ballon sera plein, mais vous serez dans l'impossibilité de le vider. Très douloureux, ce cas nécessite d'aller aux urgences se faire poser une sonde urinaire pour une vidange express.

Si c'est un exploit régulier :
Les toilettes de la fac vous dégoûtent, et vous vous retenez tous les jours de 8 h du matin jusqu'à 7 h du soir ?

- Vos reins ne vont pas apprécier, car avec l'accumulation, l'acidité de l'urine risque de remonter vers eux et de les détruire peu à peu.

- Une bonne grosse cystite et des infections urinaires à répétition devraient bientôt devenir vos amies fidèles. La femme est naturellement prédisposée à ces infections, car les germes et autres bactéries ont moins de chemin à faire pour remonter jusqu'à la vessie.

- Si la vessie reste contractée en permanence, à force d'excès, le muscle de la vessie se relâchera et ne pourra plus faire correctement son boulot. À vous les joies de l'incontinence urinaire, mamie pipi !

C'est quoi mon problème ?

L'hyperactivité vésicale
Elle touche 18 % des femmes, tous âges confondus. Vous êtes concernée si vous devez aller aux toilettes très souvent (plus de 8 fois par 24 h), si l'envie se déclare tout à coup sans crier gare, et si le barrage cède avant d'avoir atteint le sanctuaire. (Seules 40 % des personnes atteintes souffrent de ce dernier symptôme.)

L'incontinence d'effort
C'est la petite fuite lorsque la personne éternue, tousse, rit ou hurle devant Robert Pattinson torse nu.

Les règles
À cette période du mois, vous passez votre vie à faire pipi... Pas de panique, c'est courant : les contractions, congestions et bouleversements internes se répercutent simplement sur votre vessie...

La cystite
Infection occasionnelle ou chronique de la vessie, elle est reconnaissable aux sensations de brûlure pendant le pissou.

La poisse
Vous avez une vessie normale, mais vous vous retrouvez toujours dans des situations gênantes ou problématiques.

Le médecin
L'air dubitatif, il vous regarde comme une bête de foire, et vous assure que tout est normal, que "tout est dans votre tête"... Vous pensez donc être folle ou anormale.

L'envie d'uriner dépend d'une multitude de facteurs, musculaires, cérébraux, hormonaux... En dehors de quelques causes identifiées d'origine mécanique ou infectieuse, la plupart des pathologies urinaires sont dites "idiopathiques", c'est-à-dire qu'on ne sait pas les expliquer. D'où l'attitude méprisante de certains généralistes, qui préféreront vous mettre mal à l'aise plutôt que d'avouer leur incapacité à résoudre le problème...

Comment dompter ma vessie ?

S'efforcer de faire pipi à heures fixes (toutes les 3 heures) et se retenir entre deux.

Les exercices de Kegel, qui consistent à contracter et relâcher les muscles pelviens : contractez 10 secondes, puis relâchez le temps équivalent (faites des séries de 10, trois fois par jour).
À éviter : la célèbre technique du "stop pipi", à cause des risques d'infection.

Toujours bien veiller à vider entièrement sa vessie, ce qui suppose des pissous détendus et concentrés.

Suivez les conseils de ce chapitre, anticipez les situations à risques... et vérifiez qu'aucune collègue jalouse ne pratique le vaudou dans votre entourage.

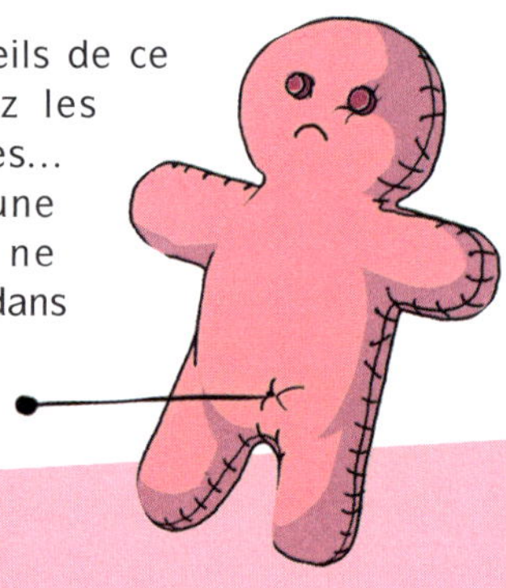

C'est gênant !

Oui, car les gens rigoleront bêtement à l'annonce de votre problème. Rusez, ne dites pas d'un air contrit que vous avez "tout le temps envie de faire pipi" : soupirez plutôt d'un air grave que vous avez "un problème vésical", et que votre "méridien de la vessie est très perturbé" (c'est un machin de réflexologie, mais dit d'une voix tragique, ça peut laisser penser que vous souffrez d'un cancer en phase terminale).

C'est quoi le méridien de la vessie ?
C'est une ligne imaginaire avec des points un peu partout, un peu comme une ligne de métro. Un réflexologue vous masse la station n° 25 ou n° 17, et vous repartez rééquilibrée de la vessie (et du porte-monnaie) pour les trois prochains mois.

Le pissou & vous ?

Une envie pressante dans les embouteillages…

- 🚑 Vous vous transformez en "vessie-garou", hurlant à la mort et grattant sauvagement à la portière.
- ■ Vous enfilez vos lunettes noires, prête à affronter l'humiliation avec toute la désinvolture d'une Paris Hilton bourrée.
- ● Heureusement qu'il y a une bouteille vide sous le siège…

Oups, vous venez d'expérimenter le dicton "Pipi dans la nature, pipi sur les chaussures"…

- 🚑 Dans 50 ans, vous évoquerez encore cette mortification d'un air horrifié devant vos arrière-petits-enfants.
- ■ Eh, c'est rigolo, ça réchauffe les pieds !
- ● Bon… Ce sera l'occasion d'acheter une nouvelle paire de chaussures.

Que chanteriez-vous à votre vessie ?

- ● "On ira, où tu voudras quand tu voudras"
- 🚑 "Résiiiste ! Prouve que tu exiiistes !"
- ■ "C'est ma pisse, ma bataille,
fallait bien qu'elle s'en aille…"

En matière de voiture, vous préférez :

- ● Les petites voitures qui se garent plus rapidement en cas d'urgence.
- ■ Les grosses voitures pour mieux se cacher derrière en cas de pause pipi.
- 🚑 Les camping-cars avec WC intégrés.

Le bar a des WC à la turque…

- 🚑 Vous boycottez et portez plainte contre le patron.
- ■ Ben… Je fais pipi, pourquoi ?
- ● Pfff… Vous partez sans laisser de pourboire et éviterez de revenir.

Un max de 🚑 : Névropathe
Une vessie de canari dans un corps de femme. Depuis que vous avez fait un coming-out (involontaire) sur le siège arrière de la Twingo, vous avez développé une paranoïa urinaire obsessionnelle, un chouïa fatigante pour votre entourage. Rassurez-les : un jour, plus tard, quand vous serez morte, vous en rigolerez.

Un max de ● : Résignée
Le pis plein et le regard éteint, vous patientez devant les WC, aussi blasée qu'un chômeur en fin de droits devant l'ANPE. Habituée des conditions de pipi précaires, vous laissez votre dignité à la porte, consciente que ces moments pénibles seront décomptés de votre séjour au purgatoire…

Un max de ■ : Assumée
Vous avez une vessie solidaire, et même lorsqu'elle vous trahit, vous n'êtes jamais embarrassée : faire pipi, c'est naturel et plutôt rigolo, vous ne comprenez même pas qu'on puisse faire un livre là-dessus…

Les embûches à prévoir

L'escalier des WC

Vu l'étroitesse des marches, le gérant aurait plus vite fait d'installer un toboggan. Grâce à votre maîtrise totale des hauts talons, vous descendez en étoile de mer, le cuissot tremblotant, les mains cramponnées de chaque côté au mur. À mi-parcours, vous vous retrouvez nez à nez avec une inconnue. Vous devez céder le passage, retour à la case départ en marche arrière.

Les tourniquets-qui-tournicotent-pas

Dans certaines gares, les WC publics disposent d'une invention indispensable : le tourniquet trop petit, bloquant les valises du voyageur pressé. Parfois il n'y a même pas de jeton à glisser dans le tourniquet : il est juste là pour tournicoter en coinçant tes valises.

Les WC à jetons

Après l'escalier de l'enfer, vous voilà face à un coffre-fort, les chiottes personnelles de l'oncle Picsou. Il faut un jeton. SATAN. Vous n'avez pas de pièce, vous remontez l'escalier à quatre pattes pour aller plus vite, et courez mendier un "jeton-siouplé" au barman, toujours très occupé. Puis, quand vous revenez en brandissant triomphalement le Saint Graal, quelqu'un sort des WC et vous tient la porte : vous n'aviez même pas besoin de ce foutu jeton.

Les WC à code

Variante du précédent, et spécialité des fast-food. Après avoir débarrassé le plateau, on se dit qu'on ferait bien un petit pissou avant de partir. Zut, il faut un code. LE code, celui-là même qui était sur le ticket de caisse qui vient de glisser dans la poubelle avec les autres détritus.

Et les petits imprévus ?

On a beau être une fille prévoyante, parfois on n'y peut rien...

Les excursions improvisées

Le soleil brille, les hommes de la maison frétillent, et l'esprit de baroudeur du dimanche soudain les titille.

Hop, improvisation, tout le monde en voiture !... Hein, quoi ? Vous venez à peine de finir de manger, et surtout de boire comme une barrique. Vous savez qu'il faut 1 heure pour que la flotte parvienne au terminus, et que l'insignifiant pissou préventif avant de partir n'y changera rien : l'heure n'est pas venue. 25 min plus tard, vous hurlez à la mort en rase campagne sous le regard navré de la petite troupe d'explorateurs.

Les fous rires

On a fait une blague idiote à Marie-Morue ("Attention, une araignée dans ton soutif !"), et devant sa réaction de panique hilarante, vous êtes prise d'un monstrueux fou rire... au point de vous faire pipi dessus, et pas au sens figuré. Le vieux gag de l'arroseur arrosé.

Les trains immobilisés en pleine voie

"Bah, je m'en fiche, au moins il y a des WC !..." Erreur. Au bout de 3 heures d'immobilisation en plein soleil, s'approcher des toilettes relève du suicide. L'odeur est intolérable, le simple fait d'ouvrir la porte soulève l'estomac, tenter une incursion signifie vomir son sandwich sur-le-champ. Vous allez bientôt regretter la plus cradingue des aires d'autoroute.

Repentez-vous, pisseuses !

Soulagez votre conscience ! (et pas seulement votre vessie…)
Quels péchés confessez-vous avoir commis ?

Les 7 péchés capitaux de la fille prévoyante

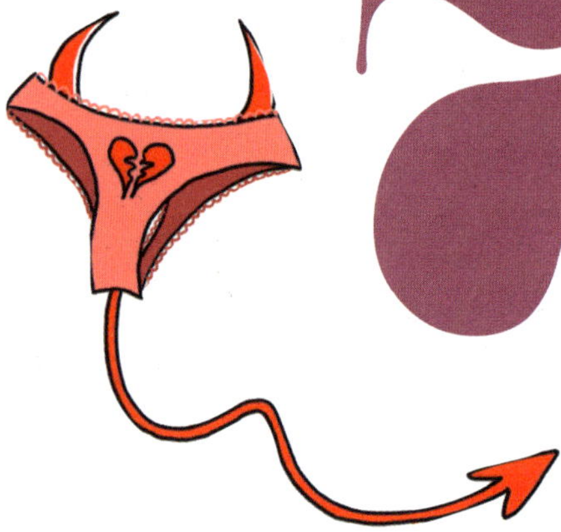

L'orgueil

“Quoi, des WC à la turque ?! Pouah, hors de question que je fasse pipi chez les ploucs, je préfère encore me retenir !”

La gourmandise

“Hihihi, je vais reprendre une troisième tasse de thé avec mes macarons Lacurée et mon jus de papaye.”

La luxure

“Vite, vite, je suis enceinte, poussez-vous, pipi, viiite !”

La paresse

“Gnéé… Gneu suis trop bien sous ma couette, p'têt' que si je me rendors, l'envie passera toute seule.”

La colère

“Han, c'est quoi cette file d'attente de malade, là ! Pourquoi elles viennent TOUTES en même temps que moi ? Vas-y, laisse tomber, j'me tire, tant pis !”

L'avarice

“Non mais va manger tes morts avec ton café à 4 euros, escroc de cafetier, j'attendrai de trouver une Sanisette gratuite.”

L'envie

“C'est pas juste ! Moi aussi je veux boire 6 bières comme un mec et me retenir toute la soirée !”

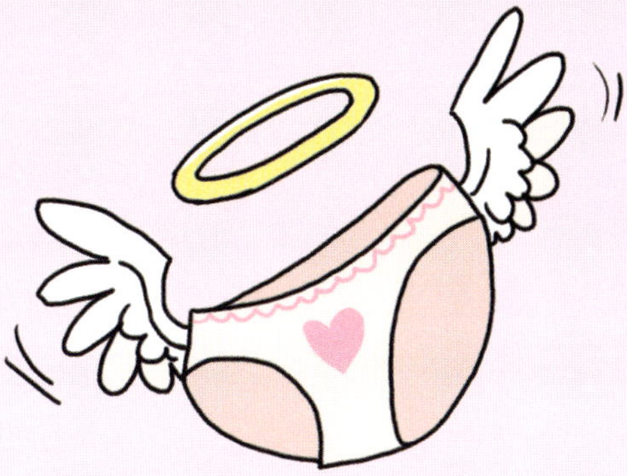

Les 10 commandements de la fille prévoyante

- À ta vessie maudite **jamais tu ne te fieras.**
- Les nombreux obstacles sur le chemin des WC **tu anticiperas**
- Ta consommation de liquide en toutes circonstances **tu surveilleras.**
- Le minimum vital **tu posséderas** (mouchoirs, tampon, culotte de rechange...).
- À te retenir chez toi souvent **tu t'entraîneras.**
- En terre inconnue, les toilettes aussitôt **tu repéreras** (au lieu de paniquer au dernier moment).
- Toutes les toilettes sans distinction **tu honoreras** (qu'elles soient sèches, à la turque, ou pas).
- **Tu n'attendras** point le dernier moment pour prévenir autrui du déluge qui menace ta culotte.
- **Tu ne quitteras** point de bar ou de restaurant sans honorer leurs toilettes auparavant.
- **Tu ne prendras** point d'ascenseur avec une vessie pleine en apesanteur.

Quelle attitude adopter face à une vessie en sursis ?

Je suis l'homme idéal si...

- Je ne **nie pas** le problème ("Mais si, tu peux te retenir...").
- Je me concentre sur le moyen de trouver un **arrêt-pipi** au plus vite.
- Je ne la **culpabilise pas**.
- J'évite les phrases commençant par "Je t'avais bien dit de...", car je ne veux pas mourir **étranglé**.
- Je reste calme quand elle me hurle dessus en déchirant ma chemise et qu'elle insulte ma mère dans une langue inconnue : **elle n'est pas dans son état normal**.
- Je meuble la conversation en parlant de n'importe quoi pour faire **diversion**...
- ... mais **sans l'obliger à me répondre** sur un sujet dont elle se contrefiche violemment.
- Je n'essaie pas de la faire rire avec des **blagues idiotes**.
- Si je veux vraiment la faire rire, je fais mes blagues idiotes **après** qu'elle s'est soulagée...
- ... mais je ne la vanne pas **pendant 2 mois** devant tous mes copains goguenards.

Bonus Homme parfait :

- Je la soutiens moralement avec autant de sérieux que si elle venait de m'annoncer un **cancer en phase terminale**
- Je la laisse me **serrer fort** la main en m'écrabouillant les phalanges sans protester.
- Je trouve une activité ludique pour **patienter,** et j'évite de lui lancer à son retour : "Hé bé, c'était long !"

Je suis la copine idéale si...

- Je reste **discrète** en évitant de mettre toute la ville au courant que mon amie va se faire pipi dessus (même si je trouve ça hilarant).
- J'interromps momentanément le récit de **ma vie palpitante** : Marie-Vessie ne m'écoute plus.
- Je retiens tout fou rire qui pourrait s'avérer **contagieux**.
- Par solidarité, je lui parle d'une situation où j'ai **moi aussi** failli me faire pipi dessus.
- Je pars devant en **éclaireur** pour repérer des WC.
- Je suis **fournisseuse** officielle de mouchoirs en cas de besoin.
- Je prête mon fils de 2 ans comme **alibi** pour apitoyer la vendeuse et accéder aux toilettes privées du magasin.
- Je **garde** les sacs, les manteaux, les enfants pénibles et les bouteilles de vodka.
- Je ne me moque pas d'elle **derrière son dos** en l'attendant.
- Je ne raconte pas cette histoire humiliante à **tous ses collègues**.

Bonus
Copine parfaite :

- Je lui pardonne si elle m'a traitée de tous les noms quand je rigolais trop fort.
- Je laisse passer Marie-Vessie en premier dans la file d'attente, même si moi aussi j'ai envie.
- Je ne m'exclame pas “La vache, qu'est-ce que ça fouette !” quand j'entre après elle dans les WC.

À PARTIR DE CE POINT, LE TEMPS D'ATTENTE EST DE :
45 MIN
ET ÇA, C'EST QUOI COMME ATTRACTION, MAMAN ?
LES TOILETTES POUR FEMMES ...

4

La file d'attente

Les analyses de Patience Piédegrue

fildattentementaliste, comportementdeputaliste, membre du Haut-Conseil pour le Pisser-Ensemble, vous aideront à poireauter les pieds dans la pisse en gardant la tête haute.

La file d'attente

La collante

Elle se scotche juste derrière vous, avec sa grosse doudoune et ses 5 sacs Tati qui vous chatouillent le cuissot. Il devrait y avoir des PV pour non-respect des distances de sécurité dans les files d'attente.

Je fais quoi ? Faites pipi sur ses chaussures, pour mieux délimiter votre territoire. Ou retournez-vous brusquement vers elle en hurlant "Pardon!" ; normalement, elle s'excuse en découvrant, profondément choquée, qu'elle n'est pas seule au monde.

La doubleuse

Elle est arrivée **après** vous, mais elle se place juste à **côté** de vous dans la file. À l'école privée catholique Sainte-Marie-des-Coliques, dans laquelle vous reçûtes une éducation stricte, l'abbé Chamelle vous inculqua qu'une file d'attente civilisée se fait en longueur, pas en largeur, BORDEL.

Je fais quoi ? Fixez-la d'un air de prédateur sanguinaire, jusqu'à ce qu'elle renonce au moment ultime, en vous gratifiant d'un généreux "Allez-y" !

La liberté de chacun s'arrête là où commence **le coup de pied au cul de l'autre.**

La mini-princesse

"Maman, pipiiii, j'ai enviiiie, c'est looong", braille le petit boulet en vous fixant avec une grimace de souffrance réprobatrice.

Je fais quoi ? ? À son âge, elle peut encore se permettre de se pisser dessus ; pas vous. Il est hors de question de la laisser passer. C'est ça la vie, petite : les files d'attente, l'ennui, la souffrance, la faim, la soif, et le best-of de Claude François qui passe en boucle dans le haut-parleur. Continue de hurler, nabot, et j'appelle l'Exorciste.

La bavarde

Et vas-y que je parle toute seule, et que je fais des réflexions, et ça vous prend à témoin qu'il fait trop chaud, que ça pue…

Je fais quoi ? Ne répondez qu'aux bavardes placées DEVANT VOUS dans la file. Ne vous retournez même pas sur les autres, derrière, qui tentent d'attirer votre attention, qui gloussent, gémissent, soupirent, râlent : ignorez-les, elles veulent juste vous attendrir pour tenter de vous doubler.

La basse-cour

Enfer. Un troupeau de collégiennes fluo déboule en gloussant des vocalises de pintade enrouée sur la dernière daube R'n'B du moment, tout en hurlant "Vaziputain, grave !" entre deux bulles de chewing-gum.

Je fais quoi ? Sauvez-vous, préservez en priorité votre santé mentale. Si vous restez, ce n'est pas seulement votre vessie qui risque d'exploser, mais votre cerveau.

La Dame Pipi

Le chantage au nettoyage

La prochaine cabine qui se libère, elle est pour vous. Enfin ! Vous bondissez vers elle, quand… un gros popotin vert vous obstrue soudain le passage : la dame qui papotait sous vos yeux distraits depuis un quart d'heure, cette dame veut laver VOTRE cabine, LÀ, MAINTENANT, TOUT DE SUITE, celle-là et pas une autre. Son regard déterminé signifie : *"Si vous voulez pisser, il faudra me passer sur le corps."*

Le chantage à la fermeture

Le Salon de la charcuterie et du design ferme officiellement à 19 h 00. Il est 18 h 57, et après avoir payé 12 euros l'entrée et acheté pour 165 euros de charcuterie design, vous estimez avoir le droit d'accéder aux WC avant de vider les lieux. Hélas, la gardienne du sanctuaire n'est pas de votre avis, elle est pressée de finir sa journée et se montrera sans pitié…

Je fais quoi ? *Si c'est un homme :* Minaudez et pleurnichez comme si votre vie en dépendait, peu d'entre eux résistent au syndrome du super-héros face à la demoiselle en détresse…
Si c'est une femme : Jamais de suppliques larmoyantes : la dame pipi (dont le statut social n'est pas des plus valorisants) se fera une joie de rester inflexible et d'humilier les madames dont elle nettoie le pipi toute la journée. Si vous portez une grosse doudoune, prétendez être enceinte, c'est peut-être le seul moyen de l'attendrir…

pisspass'

LAISSEZ-MOI PASSER, JE SUIS PRIORITAIRE !

Association citoyenne du droit à la personne Handicap et incontinence

Prioritoilet

NOM :

Prénom :

Taux d'incapacité urinaire : ☐ niveau 1 ☐ niveau 2 ☐ niveau 3

Association Citoyenne du Droit à la Personne Handicap et Incontinence

Carte N° 2579

Veuillez laisser un accès prioritaire aux toilettes à la personne détentrice de cette carte

Pathologie: **Syndrôme d'instabilité vésiclulaire sévère (urgenturie)**

Tranche d'âge : ☐ Moins de 16 ans ☐ 16-26 ans ☐ 26-65 ans ☐ 65 ans et plus

Nom du médecin traitant :

A contacter en cas d'accident :

Fait à : Le :

Ce bon devra être systématiquement présenté, dans le cas contraire la priorité pourra être refusée
En cas de refus de priorité, vous pouvez contacter le Point Accueil (Tél. : 0800.224.858)
Toute photocopie de ce bon est formellement interdite, sinon panpan-culcul.

A DÉCOUPER
Votre carte prioritaire d'handicapée de la vessie
(à n'utiliser qu'en situation d'urgence, bien sûr...)

Et si j'allais chez les hommes ?

Les demoiselles s'agglutinent en brochette de dindes dégoulinantes dans le couloir surchauffé, sans avancer d'un pouce ; juste à côté, c'est le vide sidéral dans les toilettes pour hommes. Alors surgit dans votre esprit indigné cette idée révolutionnaire : "Bon, je vais chez les hommes ou pas ?"

Ouiii, à une condition : votre file d'attente doit être d'une longueur tellement indécente qu'elle justifie largement cette petite transgression…

Ouiii, parce qu'on n'est pas en Arabie saoudite : chez nous, les toilettes mixtes sont monnaie courante un peu partout (café, resto, boulot…) et personne ne s'offusque de partager le même petit coin.

Ouiii, pour toutes les fois où des collégiens stupides se sont amusés à s'introduire dans les toilettes ou les vestiaires des filles.

Ouiii, parce les hommes sont sympas, ils excuseront l'intrusion d'une pauvre fille pressée par sa vessie. (Mais évitez d'y foncer à plusieurs en piaffant d'excitation… sinon l'homme va se sentir envahi sur son territoire, et vous risquez de vous faire d'emblée rembarrer par les plus grincheux.)

Ouiii, rien que pour l'intense satisfaction d'en ressortir radieuse, et de sentir les regards furieux ou admiratifs des quinze princesses qui n'ont pas osé franchir le pas, et qui prennent racine dans le pavé depuis 35 minutes.

Les risques

À moins de vous trouver dans les WC d'un bar glauque abritant un trafic de coke : aucun. Croiser quelques regards masculins un peu surpris… Être prise pour un transsexuel si vous avez un visage ingrat… Faire pipi avant les autres….

5 questions idiotes que l'homme malin se pose

pendant qu'on poireaute aux WC...

1 Pourquoi les filles vont-elles aux toilettes à plusieurs ?

Réponse fantasmée : Pour raconter des médisances sur la terre entière, ou discuter sournoisement de tous les noirs secrets qu'on vous dissimule...

Réponse sincère : Pour ne pas subir seule la corvée des 20 minutes de file d'attente, et pour se dépanner en cas de pépin glauque.

MAIS : en soirée, oui, on y va aussi pour discuter, soit des beaux gosses, soit des gros lourds. Si ça vous inquiète, c'est que vous avez conscience de faire partie des gros lourds (ou « de faire partie de la seconde catégorie »).

2 Qu'est-ce qu'elles font pour être aussi longues ?

Réponse fantasmée : Elles se remaquillent langoureusement pendant des heures après avoir fait des choses cochonnes dans l'intimité des WC, les vilaines coquines...

Réponse sincère : La queue, les trois quarts du temps. Et ensuite, elles essaient de survivre aux multiples pièges décrits dans le bouquin.

MAIS : en soirée, on peut aussi au choix : vomir, pleurer, consoler une copine, se planquer pour échapper à un boulet ou à un jeu idiot, faire un sudoku si la soirée est vraiment mortelle.

3 Pourquoi est-ce que les filles n'aiment pas les WC à la turque ?

Réponse fantasmée : Parce que nous, on est chiantes et maniaques, alors que vous êtes cool, rapides et efficaces.

Réponse sincère : Parce que nous, on a des collants, des jupes, des talons glissants, et pas de kiki pour pisser de loin.

4 Les filles ont-elles une vessie plus petite que nous ?

Réponse fantasmée : OUI. Sauf s'il souffre lui-même d'incontinence, l'homme a très envie d'entendre qu'il a une plus grosse vessie (des plus gros muscles, un plus gros cerveau...), ainsi il pourra faire preuve d'indulgence et de compassion envers sa faible compagne.

Réponse sincère : La taille du sacapipi peut varier du simple au double selon des individus, mais la taille moyenne pour les femmes est en effet légèrement inférieure à celle des hommes.

5 Et ça ne peut vraiment pas attendre ?

Réponse fantasmée : OUI, bien sûr que oui, pour l'amour de ta Twingo, je vais me retenir encore une heure ou deux en me tortillant de douleur... et sans me plaindre, bien sûr.

Réponse sincère : NOOOOOOOOOOOOON !!

ÉNIGME

DA WC CODE

percez le mystérieux complot !

Parce qu'il y a des questions auxquelles même nous, on n'a pas de réponse...

À ce niveau, la cabine n'est plus occupée, elle est annexée, c'est un coup d'État, et la libération n'est pas pour demain. Et bien évidemment, il n'y a qu'une seule cabine.
Au bout de 20 minutes, ça vire au sketch.
Tout le monde se regarde en roulant de gros yeux. Vous commencez à chercher les caméras de Vidéo Gag : "Marcel Béliveau, sors de ce lavabo, c'est pas drôle."
Après l'exaspération vient l'incrédulité : est-ce qu'elle va sortir un jour ou faudra-t-il enfoncer la porte, appeler les pompiers ?

Enfin, une madame en sort, bien habillée, toute pimpante, s'installe devant le miroir, et... se remaquille tranquillement sous les regards meurtriers de l'assistance. Aucun indice olfactif ne flotte derrière elle...

À vous de jouer ! Retrouvez-la, torturez-la, et forcez-la à avouer ce qu'elle fichait là-dedans pendant une demi-heure :

- ☐ Elle explorait une faille spatio-temporelle entre le mur et la chasse d'eau ?
- ☐ Elle explosait son record sur *Tétris* ?
- ☐ Elle compulsait tout le catalogue de "La Reloute" pendant sa pause couscous ?
- ☐ Elle tentait un avortement au stylo Bic après un test de grossesse positif ?
- ☐ C'était une tentative désespérée de se faire arracher le cœur avec les dents par une horde de pisseuses exaspérées ?
- ☐ ....
....
....

À GAGNER !

L'album slam de

Grosse Vessie Pleine

La diva des vessies en tournée dans toute la France à l'occasion de son nouvel album "Slamank'2'PQ".

Grosse Vessie Pleine évoque sans tabou toutes ces zones sinistrées, ces toilettes insalubres où les gens sont enfermés et laissés à eux-mêmes sans même une feuille de PQ. Alors Grosse Vessie Pleine, elle a la haine contre la société de nettoyage, elle en a gros sur la vessie. Et elle n'est pas la seule : des bandes de filles comme "Pipi Squad", "AC WC", ou "Ragnagna Mafia" inondent régulièrement les voitures et les petits commerces du quartier ; les pompiers eux-mêmes ne savent plus comment contenir ces "vessies sensibles", dont l'artiste se veut la porte-parole.

N'ALLEZ PAS DANS LA CABINE WC DU FOND : ON N'A PLUS DU TOUT PIED.
OK, MERCI DU CONSEIL !

5

Les pièges dans les toilettes

Vespasia Goguenot, latrinologue de renom

coach de survie en milieu dégueu et militante
à l’Association de défense des sans-PQ,
passe en revue tous les dangers
qui nécessitent votre vigilance.

Pièges en eau trouble

Petit récapitulatif des épreuves qui vous attendent derrière la porte du sanctuaire :

Le minuteur mesquin

Le 1er jour, Dieu dit : « Que la lumière soit », et la lumière fut. Le 8ème jour, Dieu dit : « Que le minuteur soit », et la lumière s'éteignit d'un coup, paf !

Vérifiez toujours en rentrant le mode d'éclairage de la cabine, et repérez l'emplacement du bouton. De façon admirablement bien pensée, les systèmes de minuteur se trouvent presque toujours dans des WC hermétiques (pas de jour sous la porte, pas de fenêtre, rien). Donc quand tout s'éteint brutalement, il faut tâtonner dix minutes dans le noir, ou recourir au faible éclairage de son téléphone pour redéclencher le bidule.

Le manque d'air

Rentrez le ventre et retenez-vous de respirer. Bravo ! Vous venez de parvenir à refermer derrière vous la porte des WC ! Le coin est tellement exigu qu'il relève davantage du conduit d'aération. Et bien sûr, la porte s'ouvre vers l'intérieur, sinon ce serait beaucoup moins drôle, hein... Une fois la porte refermée en vous écorchant le genou, vous aurez tout le loisir de vous entraîner à faire le grand écart sur la cuvette, et de vous curer les dents avec la poignée de porte (parfait après un bon repas).

pièges en eau trouble

La température
Il est extrêmement rare de trouver des toilettes à bonne température : soit c'est en sous-sol, sans ouverture et surchauffé (vous ressortez trempée de sueur, après avoir perdu 3 kg, comme au sauna). Soit c'est plus ou moins en extérieur, bien aéré avec la fenêtre grande ouverte par – 10 °C, et là votre pipi aura gelé avant même d'avoir atteint le troutrou. Il vous faudra déployer des trésors de courage pour trouver la force de vous laver les mains congelées à l'eau glacée, puis de les sécher avec le souffleur d'air froid...

La lagune mystérieuse
Vous aviez toujours rêvé d'aller à Venise ? Notre agence de voyage WC Adventure propose un séjour en immersion totale pour deux chaussures et un bas de pantalon. Imprégnez-vous des mystères et des odeurs d'une formidable lagune : mi-eau, mi-pipi, mi-javel, mi-égouts...

Les effets personnels
Drapée dans un manteau digne d'une tsarine russe, vous portez fièrement une dizaine de paquets et le menhir de tonton Obélix en guise de sac à main... mais pas de crochet sur le mur des WC.

– Posez-les en équilibre précaire sur la chasse d'eau, ou sur vos genoux.

– Accrochez-les autour du cou, avec le risque que la dame pipi retrouve le lendemain votre corps cul nu avec la nuque brisée.

– Lâchez tout dans la flotte, de toute façon ça finira bien par sécher.

La poubelle fantôme
Ah, le propriétaire de ce viril PMU n'a pas daigné prévoir de poubelle dans les WC pour femmes ? Heureusement, il a prévu une coupelle pour la monnaie. Et ce serait mal élevé de partir sans lui laisser un petit pourboire...

Le beurk
Une puanteur plus redoutable qu'une arme bactériologique. Reculez calmement, rendez-vous au commissariat le plus proche pour porter plainte contre X pour attaque terroriste, et demander aux autorités l'évacuation immédiate de la ville. .

La chasse d'eau
Généralement sous-dosée (pour économiser l'eau de Mère Nature), son gentil glougloutement mollasson est passablement inefficace. Résultat : on tire cinq fois de suite la chasse en espérant chasser ce qui doit être chassé (tant pis pour les enfants du Sahel et les bébés baleines). En vain. Le balai-brosse brille par son absence. Reste à camoufler les restes sous des feuilles de PQ et à s'éclipser promptement.

Parfois la chasse d'eau fonctionne à merveille. Hélas, l'abjection se trouve hors de son champ d'action : un couvercle moucheté, un mur redécoré, un vieux tampon en vadrouille...

pièges en eau trouble

Certes, je n'ai pas de PQ sous la main, mais j'ai...

- un mouchoir en papier (usagé et roulé en boule depuis 2007 au fond de mon sac)
- un vieux ticket de caisse
- un billet de 5, 10, voire 100 euros si vous êtes riche (ou anticapitaliste)
- un chéquier (plus absorbant que la carte bleue)
- un prospectus de restaurant chinois ou de parti politique
- le carton d'une boîte de médicaments
- un magazine féminin, un livre de Paulo Coelho
- des bas, des chaussettes
- une serviette hygiénique (neuve, hein ?)
- la notice explicative de votre dernière expo d'art moderne
- le doudou-serviette tout moche de Bébé (il dort)
- une facture ou une contravention
- une carte routière
- des feuilles d'arbre, des champignons, de la mousse
- un caniche, une marmotte imprudente

Le papier Q

Certes, il y en a plein au sol, déchiqueté en lambeaux et détrempé par la flotte. Mais le distributeur, lui, est aussi vide que la boîte crânienne de Mariah Carey. Au grand désespoir de votre popotin humide, tentant de sécher patiemment à l'air libre...

Le verrou contrariant

Avec toute la force de vos petits doigts crispés, vous passez de longues secondes à le supplier de bien vouloir coulisser, tourner, glisser, pivoter, bref : de faire son maudit boulot de verrou, ho ! Sauf qu'il est aussi peu coopératif qu'un cheminot du syndicat Sud Rail un jour de grève générale.
Vous devrez au choix :
- garder un bras tendu, prêt à parer toute intrusion, et gérer le reste d'une seule main,
- chercher une âme charitable pour vous garder la porte.

Dans un accès de rage, vous réussissez tant bien que mal à le fermer ? Bravo, vous pourrez passer les 5 prochaines minutes dans les affres de la verrouillophobie, à faire pipi de travers de peur de ne plus pouvoir le rouvrir...

Le "Yakékun ?"

De manière générale, que le verrou soit cassé ou non, il y a toujours une grosse brute qui secoue soudainement la poignée comme un enragé pour savoir si "Yakékun ?". OUI, il y a quelqu'un, gros bourrin. Il y a même quelqu'un qui a failli crever d'une crise cardiaque de peur d'être surprise le jean sur les chevilles et la culotte à la main...

Le verrou de secours

CADEAU

L' Organisation mondiale de prévention des gros relous vous offre ci-dessous des protections simples et efficaces contre les verrous défaillants, les intrusions intempestives, les "Ooopardonjesavépa", et les agressifs pressés qui secouent votre poignée toutes les 20 secondes.

(à conserver dans son portefeuille)

Plier ICI

Partie à coincer dans la porte, juste au-dessus de la poignée.

(Si quelqu'un ose rentrer malgré ça, vous pouvez officiellement lui coller une baffe)

Le verrou est cassé, mais ce WC est

OCCUPÉ

pour l'instant, merci.

Partie à coincer dans la porte, juste au-dessus de la poignée.

(Si quelqu'un ose rentrer malgré ça, vous pouvez officiellement lui hurler dessus)

OUI,

Y A QUELQU'UN.

Merci de patienter.

Partie à coincer dans la porte, juste au-dessus de la poignée.

(Si quelqu'un vous harcèle malgré ça, faites exprès de traîner bien plus que nécessaire)

Inutile de secouer dix fois la poignée, je ne suis pas SOURDE, je suis

OCCUPÉE

... et ça ne me fera pas sortir plus vite, **au contraire**.

Recto-verso

(adapté à toutes les ouvertures de portes, à gauche ou à droite)

Plier ICI

Le verrou est cassé, mais ce WC est

OCCUPÉ

pour l'instant, merci.

Partie à coincer dans la porte, juste au-dessus de la poignée.

(Si quelqu'un ose rentrer malgré ça, vous pouvez officiellement lui coller une baffe)

OUI,

Y A QUELQU'UN.

Merci de patienter.

Partie à coincer dans la porte, juste au-dessus de la poignée.

(Si quelqu'un ose rentrer malgré ça, vous pouvez officiellement lui hurler dessus)

Inutile de secouer dix fois la poignée, je ne suis pas SOURDE, je suis

OCCUPÉE

... et ça ne me fera pas sortir plus vite, **au contraire**.

Partie à coincer dans la porte, juste au-dessus de la poignée.

(Si quelqu'un vous harcèle malgré ça, faites exprès de traîner bien plus que nécessaire)

pièges en eau trouble

Le plouf

Il n'y a pas que les dauphins qui sont joueurs. On n'imagine pas le nombre d'objets capables de faire plouf et de s'ébattre joyeusement dans l'eau claire d'une cuvette de chiotte. À croire qu'ils ont été dressés toute leur vie pour vous offrir ce joli spectacle aquatique !

Game of trône

Option 1 : Vous découvrez au premier coup d'œil que le siège a été customisé par l'utilisateur précédent, probablement un fan de Jackson Pollock. Si vous ne comprenez rien à l'art moderne, essuyez la performance du bout du mouchoir, puis tapissez sous trois couches de PQ et marouflez le tout avec votre popotin.

Option 2 : Le siège a l'air innocent et blanc comme neige, mais…

- il est déboîté, ou simplement posé en équilibre sur le socle sans aucune attache survivante. Émotions fortes garanties au moment de l'impact. Si votre cœur vous lâche, vous ferez l'hilarité de tout le service cardiologie.

- Les attaches sont correctement fixées, mais le plastique du siège est imperceptiblement fendu : sous le poids de votre popotin, la fente traîtresse s'écarte et se referme en vous coinçant le gras, tel un mesquin piège à cul. Ce n'est guère dangereux, mais AÏEUH, ça fait mal-EUH !

Beurk, c'est pas très glamour, hein ?
Décore vite cette page avec du gloss à la fraise, du vernis à paillettes ou des miettes de cupcake, tu te sentiras mieux, fille !

Le Club aquatique du troutrou de la cuvette bleue recrute dans le cadre d'un stage d'immersion :

- des pièces de monnaie
- un porte-clés, un portefeuille
- des boucles d'oreilles, des bagues
- stylos, briquets, clopes, lunettes
- des téléphones portables
- des Ipod, MP3, Game Boy, DS
- une petite main d'enfant curieux
- une ceinture, un sac
- une écharpe, un manteau

…

ALORS PISSEUSE, T'AS TROUVÉ LES TOILETTES ?
À TON AVIS ?

6

Les pièges après les toilettes

Le docteur Fatou Kestufouté, spécialiste des complications post-sanitaires traumatiques, membre du Haut Comité de lutte contre les remarques désobligeantes et la plomberie contrariante, décrypte pour vous les épreuves à surmonter.

Le robinet maudit

Le robinet à détecteur de mouvement, qui ne vous laisse d'autre choix que d'agiter fébrilement vos menottes dans tous les sens, en espérant un sursaut de vigilance du préposé à l'eau courante. Devant sa mauvaise volonté, vous renoncez. Rassurez-vous, il se déclenchera sans problème au premier battement de cils de la fille après vous.

Le robinet "écolo-économique" avec un filet d'eau tellement ridicule que si vous êtes très habile, vous avez réussi à vous laver presque tout l'ongle du pouce gauche en moins de 2 heures.

Le robinet "nain", qui coule à 2 cm du bord, et qui nécessite de se contorsionner les poignets à 90° contre la porcelaine avec tant de souplesse et d'habileté que ça frôle l'épreuve d'adresse à Fort Boyard

Le robinet robinet à "poussoir", dont le bouton ne déclenche l'eau que pour à peine 3 secondes, et qui vous oblige à ne vous laver qu'une main à la fois, pendant que l'autre main pleine de savon glisse désespérément dans son combat permanent contre le poussoir.

Le robinet à "gouvernail" (chaud à gauche, froid à droite) qui vous permet de vous ébouillanter les mains si, par inattention, vous ne l'ouvrez pas du bon côté, et qui vous éclabousse tout le jean si, dans un enthousiasme juvénile, vous l'avez soulevé trop fort vers le haut.

RÈGLE N°1 DANS LE TRAIN :
On vérifie qu'il y a du savon...

Le robinet "normal", le seul qui devrait avoir le droit de cité en ce bas monde, avec son service trois pièces et ses robinets qui tournicotent manuellement, mais devenu rarissime ! On est tellement heureuses d'en trouver un que, pour un peu, on lui taillerait une pipe s'il n'était pas plein de calcaire et de microbes.

Le sèche-mains

Si vous ne mettez pas vos mains tout contre, il ne se déclenche pas. Aïeu, c'est brûlant ! Vous éloignez un peu vos mains : pouf, il s'éteint. Avoir les mains brûlées ou mouillées : choix cornélien.

Le dérouleur d'essuie-mains

S'il est bloqué, les 20 cm^2 de tissu ont servi à 30 personnes, vous avez les mains plus mouillées après les avoir essuyées.

La poignée de la porte

On sait que vous êtes pressée de sortir, mais n'y touchez pas, malheureuse ! Ouvrez avec le coude et un coup d'épaule, sinon ça ne sert à rien de s'être lavé les mains…

Le truc qui dépasse

La serviette hygiénique qui dépasse du sac mal fermé, le bide qui dépasse du tee-shirt mal rentré, le petit nœud de la culotte qui dépasse de la braguette mal zippée… Il y en a des choses à vérifier…

Le passager clandestin

Oui, tu les adores, tes chaussures Jimmy Shoe à 399 euros… mais tu n'es pas la seule à y être très attachée : un bout de PQ affectueux a décidé de se coller à ta semelle, pour la plus grande joie de la fille qui marche derrière toi dans ses pauvres ballerines made in China à 10 euros.

Le truc coinçé

Le verrou de la porte coincé, l'essuie-mains coincé, la jupe coincée dans la culotte, le sourire coincé de la fille qui attend après vous depuis une heure pour les WC…

Le distributeur de liquide indéterminé

Oui, parce que parler de "*distributeur de savon*", c'est un peu trop élogieux par rapport à ce qui en sort :

➔ Dans le meilleur des cas, c'est du liquide vaisselle coupé de flotte à 80 %, qui vous pissouille parcimonieusement dans la main.

➔ Dans le pire des cas, le distributeur est asséché depuis juillet 1987, et son cadavre vidé est resté crucifié au mur uniquement pour la déco, paix à son âme. Il ne vous reste qu'à vous frotter énergiquement les mains sous l'eau.

Parfois, il arrive qu'une âme charitable ait déposé sur ce distributeur vide un petit caillou étrange, informe, poussiéreux et verdâtre... mais ça ne peut pas être une savonnette, non, vous avez déjà vu des savonnettes, et ça ne ressemble pas à ça.

Spécialité des restaurants exotiques (japonais, chinois, indien...) : une belle bouteille toute neuve trône fièrement sur le lavabo... sauf que ce n'est pas du savon, mais du shampoing antipelliculaire ou du liquide vaisselle. Car le jeune cuisinier sans papiers préposé aux courses ne maîtrise pas très bien le fransé ékri sur lé étikètes. Bon, pas bien grave, du moment qu'il ne confonde pas le savon avec un flacon de détartrant WC ou de Super glue.

Conseil : Opter pour le petit flacon de solution hydro-alcoolique, dont l'odeur discrète transforme instantanément la pièce en cabinet chirurgical.

CADEAU

N'ayez plus
honte !

ur ne plus jamais sortir gênée de toilettes répugnantes ou puantes devant vos collègues, voici des cartes de visite à laisser derrière vous pour vous isculper. Elles signaleront à tous que vous êtes innocente de ces horreurs, parce que vous êtes un être glamour et raffiné, une vraie lady des WC... Pas comme certaines.

(à conserver dans son portefeuille)

Désolée
pour l'odeur infecte, mais je n'y suis pour rien, c'était déjà comme ça quand je suis entrée.
Bon courage !

Désolée
pour l'état des WC, mais tout ce caca n'est pas à moi.
Bon courage !

Misère,
je ne suis pas responsable de ça, moi je n'ai fait qu'un petit pipi inoffensif, hein.
Bon courage !

Je sais,
ça sent atrocement mauvais, mais je n'y suis pour rien, c'était déjà comme ça quand je suis entrée.
Bon courage !

Désolée,
ça n'est pas moi qui laisse traîner des protections usagées, moi je suis une fille bien élevée.
Bon courage !

Dégoûtant,
mais ce n'est pas moi qui ai mis les WC dans un tel état, moi je suis une fille propre et bien élevée.
Bon courage !

Toi aussi, deviens une
lady des WC en lisant le
LIVRET ÉDUCATIF POUR LES FILLES QUI ONT TOUJOURS ENVIE DE FAIRE PIPI!

Toi aussi, deviens une
lady des WC en lisant le
LIVRET ÉDUCATIF POUR LES FILLES QUI ONT TOUJOURS ENVIE DE FAIRE PIPI!

Toi aussi, deviens une
lady des WC en lisant le
LIVRET ÉDUCATIF POUR LES FILLES QUI ONT TOUJOURS ENVIE DE FAIRE PIPI!

Toi aussi, deviens une
lady des WC en lisant le
LIVRET ÉDUCATIF POUR LES FILLES QUI ONT TOUJOURS ENVIE DE FAIRE PIPI!

Toi aussi, deviens une
lady des WC en lisant le
LIVRET ÉDUCATIF POUR LES FILLES QUI ONT TOUJOURS ENVIE DE FAIRE PIPI!

Toi aussi, deviens une
lady des WC en lisant le
LIVRET ÉDUCATIF POUR LES FILLES QUI ONT TOUJOURS ENVIE DE FAIRE PIPI!

Les remarques perfides

Enfin ! Une fois sortie de l'antre maléfique, vous vous croyez tranquille ? Préparez votre masque d'impassibilité et commencez à réciter des mantras relaxants, vous allez maintenant devoir affronter :

Les reproches de l'Homme bougon ("*Hé bé, c'est pas trop tôt, qu'est-ce que tu fichais, t'en as mis un temps !*")

→ **Répondez :** "*Je faisais un test de grossesse...*", puis murez-vous dans le silence d'un air accablé.

L'humour masculin ("*C'est normal qu'il y ait vachement de queues dans les toilettes, ouarf ouarf ouarf !*")

→ **Répondez :** Faites la fille qui n'a pas compris et demandez-lui d'expliciter son propos. "*Ah, je vois*" avec l'air pénétrant d'un psychiatre dépressif.

Le flicage du petit chef ("*C'est la troisième fois que vous allez aux toilettes en 2 heures, le boulot ne va pas se faire tout seul !*")

→ **Répondez :** "*J'avais besoin de reprendre un deuxième rail de coke, mais là, ça y est, je suis à bloc pour attaquer le dossier Pichon.*"

L'ironie des collègues de travail ("*Ça y est, la réunion peut enfin continuer ?*").

→ **Répondez :** "*Si la boîte se décidait enfin à installer la visioconférence dans les toilettes, on gagnerait un temps précieux.*"

Les soupirs agacés des gens que vous dérangez pour retourner à votre place de ciné/concert.

→ **Répondez :** Rien. Croquez lentement votre pop-corn la bouche ouverte, ou tripotez consciencieusement un petit emballage de bonbon.

La honte publique, quand vous arrivez à la soirée avec 2 h de retard et que Judas annonce à toute l'assistance amusée que "*C'est à cause d'elle, il a fallut faire deux pauses pipi !*" (omettant par inadvertance les 200 km de bouchons et le pneu crevé).

→ **Répondez (publiquement) :** "*J'essayais juste de gagner du temps, tu sais bien que j'ai horreur de venir à vos interminables réunions de famille dans cette région de bouseux*" et regardez-le devenir tout vert.

PARDONNEZ-MOI, MON PÈRE, PARCE QUE J'AI PISSÉ.
...QUOI, ICI ?!!!

7

Elles font pipi n'importe où

Calamity Pipy, triple championne du baissage de culotte
experte en technique de camouflage fessier et membre du commando d'infiltration des caniveaux, évoque pour vous les risques encourus.

Ce que je risque pour un pipi

Dans un hall /une cour d'immeuble

Vous êtes trop timide pour tenter le pipi en pleine rue, et ce porche d'immeuble a l'air bien désert, bien à l'abri : vous savez que c'est abominablement mal, mais vous n'avez plus le choix.

Qu'est-ce que je risque ?

En général, pas grand-chose : les remarques scandalisées d'une mamie outrée, une comparaison insultante avec un chien ; c'est mérité, vous êtes en tort, ne répondez rien : contentez-vous d'aboyer plaintivement. Ça peut aussi se terminer en fait divers. Agen (2008) : « Un jeune fêtard urine en bas d'un immeuble, un riverain exaspéré lui jette une cocotte-minute sur la tête. » Le jet de bassine d'eau est aussi un grand classique, moins dangereux. Donc attention, pissez à couvert.

En clair :

→ *si vous êtes jeune, con, bourré, et que vous traitez de facho le riverain qui proteste parce que vous pissez tous les soirs sur sa grille depuis six mois, ce n'est pas une cocotte-minute que vous méritez, mais la grosse cuisinière en fonte de Mamie Gâteau.*

→ *si vous êtes vieux, con, borné, et que vous vous acharnez à traiter de chienne une pauvre fille rouge de honte surprise en situation humiliante, ce n'est pas un pipi innocent que vous méritez en bas de votre immeuble, mais un squat de 150 SDF des Enfants de Don Quichotte.*

Pipi dans la nature

Ce sont les Portes ouvertes du popotin, c'est le moment de prouver à tous que vous n'êtes pas une chochotte citadine. Il est de bon ton d'apprécier de faire pipi *in the wind* ; même si vous avez détesté le vent glacé dans la craquette, prétendez avoir vécu une expérience inoubliable et une intense sensation de liberté, sinon vous aurez l'air coincée.

Qu'est-ce que je risque ?

Pas grand-chose : une fourmi mal placée, les orties ou autres herbes qui piquent les fesses, un dérapage sur un talus en pente raide, le bousillage de vos jolis escarpins dans la gadoue, un klaxon d'une voiture qui passe, un groupe de scouts en excursion.

Faire pipi cul nu en ville

Qu'est-ce que je risque ?

Être arrêtée pour épanchement d'urine sur la voie publique par la police municipale ; choper de 38 à 150 euros d'amende, au bon vouloir du fonctionnaire de police, selon que vous aurez montré votre cucu dans un parking désert ou au beau milieu d'un jardin d'enfants ; selon que vous avez des jolies fesses ou un vieil abricot grumeleux ; selon que vous vous serez excusée d'un air contrit ou que vous aurez insulté les keufs en vomissant vos six whisky-coca.

Le garçon fait pipi **partout**.

La fille **aussi** fait pipi partout.

Ce que je risque encore

Chez l'habitant

Une enfilade de maisonnettes et d'immeubles résidentiels, à l'infini... Ce qui ne vous laisse que deux choix :
1) faire pipi dans le caniveau à la vue de tous, sous les aboiements des chiens teigneux de la rue.
2) tambouriner à une porte au hasard et supplier l'habitant de vous accorder l'asile.

Qu'est-ce que je risque ?
Ce serait dommage de passer 25 ans enfermée dans une cave parce qu'on a sonné chez Guy Georges... Alors dans le doute, ne rentrez faire pipi que chez une femme. Si c'est un homme qui vous ouvre, même si c'est George Clooney tout nu avec son Nespresso fumant, prétextez une erreur, excusez-vous et allez sonner ailleurs. (Une fille qui sonne à la porte en gémissant et en se tenant la barquette Lu... ça peut donner des idées.)
N'entrez que chez l'habitantE. Si la ménagère est réticente, pleurnichez que vous êtes enceinte pour l'attendrir.
Le plus grand risque que vous courrez alors sera de vous retrouver devant un thé, à l'écouter déblatérer sur ses problèmes de divorce, et de repartir avec un souvenir des griffes de Mistigrou, le tigre de salon (ou un peu de Blédina prédigérée par le petit dernier).

Dans la valise de votre ex

Celle avec toutes ses fringues, celle qu'il doit venir récupérer demain avant d'emménager chez sa nouvelle copine. Pour une fois, vous n'aviez pas spécialement envie de faire pipi, et pourtant... qu'est-ce que ça vous a soulagée !

Qu'est-ce que je risque ?
Une dernière petite engueulade, mais vous avez l'habitude.

À l'église

Dieu savait transformer l'eau en vin. Vous, vous savez seulement transformer l'eau en pipi, mais c'est déjà un bon début. “Asile, je demande asile !” : vous vous êtes prise pour Esméralda devant Notre-Dame de Paris, et vous avez bien fait d'implorer l'aumônier de l'entrée. Il y a presque toujours des toilettes dans les sous-sols des églises ou leurs dépendances.

Qu'est-ce que je risque ?
Trouver Dieu (vous l'avez bien cherché, aussi). Aller en enfer (si vous confondez le bénitier avec la cuvette de WC).

La Sanisette

Marron comme un gros étron posé en travers du trottoir, et souvent payante quand on a pas de monnaie. À Paris en revanche, l'accès aux 400 Sanisette est gratuit, et depuis 2009 de nouveaux modèles 2.0 remplacent les anciennes versions moches et cradingues : un design “inspiré d'un tronc d'arbre” (bon, pas très évident au premier coup d'œil, hein, ça ne trompera pas beaucoup d'écureuils...), ouverture de secours manuelle, chauffage, désinfection automatique, matériaux bio, eau recyclée... et musique d'ambiance.

Qu'est-ce que je risque ?
Radio Nostalgie en musique d'ambiance, une famille de Roumains qui squatte déjà la planque, une douche gratuite si vous entrez avant le déclenchement du nettoyage automatique ; ou une gloire éphémère au journal de 20 h si, dans la précipitation, vous avez confondu la Sanisette avec un transformateur EDF...

Les baraploucs

Il y a les bars, et il y a les baraploucs. Aucun snobisme mal placé, la distinction entre les deux est simple : le "bar" propose des WC civilisés, plus ou moins propres, mais incluant au minimum le trône en faïence. Le "baraplouc" propose un trou sale dans un marécage de pipi, et trouve ça très bien, et même plus hygiénique, absolument, ma p'tite dame !

Qu'est-ce que je risque ?

Repartir avec un souvenir pittoresque : le bas du pantalon gorgé de 2 litres de pipi de gueux. Ne contrariez pas les autochtones, partez sans faire d'esclandre ; mais si vous devenez un jour la maîtresse d'un général étranger, n'hésitez pas à proposer le nom de ce bled pour larguer la bombe atomique en cas de guerre nucléaire.

MAIS AUSSI...

La bibliothèque

Le bon plan absolu, discret, gratuit, propre et silencieux, où personne ne vous demande rien. Et ici au moins, vous êtes certaine d'avoir de la lecture aux toilettes.

Les praticiens

Cherchez les plaques en bas des immeubles : docteurs, dentistes, kinés... En général, ils ont tous des WC pour les patients, et avec leur serment d'Hippocrate, ils sont obligés de vous soulager de votre souffrance, même sans rendez-vous.

MAIS AUSSI... ENCORE...

Les administrations / mairies

Vu le montant de la taxe d'habitation que vous leur avez versée cette année, vous êtes un peu chez vous… N'hésitez pas à passer aussi souvent que possible leur déposer votre petite contribution républicaine, votre pipi participatif, et après avoir glissé le petit papier rose où il se doit, rabattez le couvercle en prononçant d'un ton solennel la formule consacrée :

Les endroits où l'on n'urine jamais à moins d'être idiot

→ Sur une voiture de police ou un commissariat, même par sincère conviction politique. L'amende coûte trop cher, et il y a d'autres façons moins puériles de monter votre rejet du Grand Ordre mondial.

→ N'importe quel hall d'immeuble ou parking d'une cité "sensible" pleine de jeunes gens hyper émotifs, très attachés à délimiter eux-mêmes leur territoire avec leur propre pipi et leurs propres dealers.

→ Les toilettes d'une fac révolutionnaire (plus de verrous aux portes, car plus de portes du tout, plus de couvercle, plus de chasse d'eau : tout ça a servi à ériger des barricades lors du dernier blocage, comme l'indiquent les tags et les affiches crasseuses sur les murs).

Les endroits où l'on urine systématiquement

→ Sur la chemise de Papa ou le pull de Maman occupé(e) à te changer ta couche (n'est-ce pas, bébé pénible ?)

→ Juste à côté de la litière prévue à cet effet (n'est-ce pas, crétin de chat ?)

→ Sur les pauvres vélos garés sur le trottoir (n'est-ce pas, crétin de chien?)

→ Sur le rebord de la cuvette (n'est-ce pas, homme de ma vie ?)

→ Sur ses jolies sandales en daim, alors qu'on visait le trou (n'est-ce pas, proprio du baraplouc ?)

La technologie est ton amie

"Runpee" vous dit à quel moment du film aller faire pipi

Le gros inconvénient du cinéma, c'est qu'on peut pas mettre le film sur pause pour aller au WC ; et au prix où on a payé la place, on a plutôt envie de la rentabiliser. Heureusement, voici RunPee ("Cours faire pipi"), le site qui vous indique à quel moment (un peu chiant) du film courir aux toilettes pour être sûre de ne pas rater une scène capitale.
Mieux, RunPee propose désormais son application pour iPhone, avec un compte à rebours qui répertorie toutes les occasions possibles pour votre pause pipi. Et lorsque vous revenez du petit coin, RunPee vous résume ce que vous avez raté.

"Où sont les toilettes ?"

C'est la question existentielle que vous vous posez le plus souvent. C'est aussi le nom d'une application iPhone indispensable, qui vous indique les WC les plus proches de votre position, avec adresse, plan et itinéraire. Cette base de données, gratuite, est alimentée par les utilisateurs eux-mêmes et recense déjà presque 5 000 toilettes à travers le monde. Depuis son lancement, ce sont les Français (46 %) et les Anglais (22 %) qui sont les plus intéressés par ce service.

"Cloo"

Une autre application qui permet à n'importe quel particulier de louer leurs toilettes privées pour une micro-somme (avec la photo des toilettes en question).

LA TECHNIQUE INFAILLIBLE POUR NE JAMAIS FAIRE PIPI DANS SA CULOTTE...
... C'EST DE NE JAMAIS PORTER DE CULOTTE.

8

Pipi culotte

Urina Kulotovitch, ex-éleveuse

de moule marinée et membre de l'association «Humiliation sans Frontières» vous aide à faire le deuil de votre culotte sale et de votre amour-propre.

C'est la honte

Allez, arrêtez de culpabiliser : vous mangez des fruits bio et vous buvez de la bonne eau de source pleine d'oligo-éléments ? Dites-vous que c'est du pipi bio naturel sans pesticides, et vous aurez l'impression d'être moins sale. Sinon, dites-vous que la chaleur humaine, c'est appréciable... tant pis si c'est la vôtre.

Mauvaise idée

Aller sur Internet

En tapant "pipi-culotte", vous pensez lire des anecdotes girly analogues à la vôtre, les déboires hilarants de jeunes bloggeuses après des soirées trop arrosées, ou des témoignages de mamans désemparées devant les oublis de leur bambin ? **FAUX :** Ha ! ha ! ha ! Malheureuse ! Vous allez tomber sur les fantasmes de gros pervers qui hantent les forums avec leurs obsessions sur le pipi de fille. Non, les ondinistes ne sont pas des amateurs de la pièce de théâtre Ondine de Giraudoux. Loin de nous l'idée de porter un jugement bien sûr, houlàlà non, un procès, ça coûte beaucoup trop cher, et puis c'est très méchant. Sachez juste que vous risquez de vous sentir encore plus sale que précédemment.

Bonne idée

Récupérer vos points

Vous venez de perdre 12 points sur votre permis Glamour, vous vous sentez souillée et humiliée ?

+ 3 points : Camouflez votre forfait, nettoyez les lieux du crime : si personne ne s'est aperçu de rien, vous vous en tirez avec les honneurs.

+ 5 points : Racontez l'anecdote avec humour et autodérision à vos collègues et passez pour une fille super cool.

+ 20 points : Accouchez (pour les femmes enceintes).

+ 5 points : Trouvez-vous un bouc émissaire et transformez votre honte en colère ("Salaud, je t'avais pourtant diiiiit d'arrêter la voiture !")

+ 2 points : Si vous vivez aux USA, attaquez le fabriquant de jus d'orange pour atteinte à la dignité.

+ 4 points : Achetez un magazine people étalant les petites humiliations des stars, et consolez-vous de ne pas être Paris Hilton : votre popotin à vous n'a pas fait la une des magazines.

Le verre à moitié vide : oui, vous êtes grillée à vie, et le récit de votre mésaventure animera les repas de famille ou de collègues pendant de longues années.

Le verre à moitié plein : la prochaine fois que vous exprimerez un besoin pressant en voiture, on vous prendra beaucoup plus au sérieux.

Ils se font aussi pipi dessus (et ils n'ont pas honte)

Les cyclistes

Non, les sportifs n'ont pas des vessies supersoniques. Champions du tour de France ou coureurs professionnels, nombre d'entre eux ont révélé lors d'interviews les pratiques en vigueur : si certains s'arrêtent dans les petits chemins creux, d'autres admettent simplement se faire pipi dessus en pédalant, de préférence par temps froid et pluvieux, parce que "ça réchauffe le bas du corps" et que "la pluie les nettoie". On comprend mieux désormais pourquoi le vainqueur est appelé "maillot jaune".

Les nageurs professionnels

Pas de perte de temps ni de concentration. À en croire les nombreux témoignages des intéressés, quasiment tous les nageurs professionnels font pipi dans le bassin, c'est connu, admis, accepté. Laure Manaudou comme les autres, et pourtant elle reste aux yeux de tous un symbole de glamour… Au motif que le chlore neutralise tous les microbes, nager dans leur propre pipi (ou dans celui des autres) ne leur pose aucun problème. On ignore ce qu'ils y gagnent en force de propulsion…

Les écolos

Une ONG brésilienne a lancé, au printemps 2009, une campagne visant à inciter les citoyens brésiliens à uriner sous la douche. Selon les calculs de l'organisation, chaque personne qui évite de tirer la chasse d'eau une fois par jour, en profitant de l'eau utilisée pendant une douche, économise 4 380 litres d'eau potable par an.

Les morts

Oui, bon. On vous dit juste ça pour que vous arrêtiez de répéter : "Oh là là, j'ai honte, j'ai envie de mourir." Parce que justement, quand on meurt, on se fait pipi dessus.

Le saviez-vous ?

Les rubriques "le saviez-vous ?" sont en général des encadrés bouche-trou très agaçants dans lesquels l'auteur fait du copié-collé de statistiques ou d'anecdotes idiotes trouvés sur le Net, afin de donner une caution historique ou scientifique à son propos. Mais là, non. Enfin, moins que les autres.

Marie-Périnée Canivot, professeur de culture générale à l'Institut de sciences pathétiques de Paris-Match, entrouvre pour vous les portes du savoir universel.

Ils adorent le pipi

Les scientifiques

Des scientifiques de Singapour ont découvert dernièrement comment produire de l'électricité à partir d'urine. Commercialisée par une société japonaise, voici donc la première application concrète de la découverte : les piles "NoPoPo" (pour Non-Pollution Power). Mignonnes et toutes bleues, elles sont fournies avec une petite pipette, pour y injecter la précieuse source d'énergie. Elles possèdent une autonomie de 20 heures, soit un peu moins que des piles ordinaires, mais tout de même, quelle fierté de faire fonctionner son appareil photo, son réveil ou sa torche électrique par la seule force de sa vessie !

Les adeptes d'urinothérapie (ou "Amaroli")

"Il vient toujours au bon moment, avec le pain et les croissants, l'ami du petit déjeuner, l'ami Uriné..." Bienvenue dans le monde merveilleux des gens qui boivent leur pipi tous les matins pour soigner des maux aussi divers que les problèmes de peau, rhumatismes, allergies, sinusites... Ça ressemble à une blague, en réalité c'est une pratique courante pour 2 millions de Japonais et 5 millions d'Allemands (et pas mal de Français, vu le nombre de témoignages enthousiastes sur les forums...).

World Pipi

Les Japonais sont formidables

Lunette de WC chauffante, aspirateur d'odeurs, et petit jet d'eau tiède à pression et à orientation modulable pour rincer les popotins... Comble du raffinement, dans les toilettes publiques, les plus pudiques peuvent opter pour un camouflage sonore, avec la diffusion d'une petite musique d'ambiance couvrant tous les petits bruits inélégants.

Les Belges sont formidables

L'aéroport international d'Amsterdam utilise des cibles autocollantes au fond des WC : les hommes étant plus attentifs à bien viser, il y a moins de pipi à côté, ce qui diminue le temps de travail des équipes de nettoyage, et donc économise de l'argent. Vous pouvez vous procurer ces petits autocollants ludiques sur Internet (la chaleur du pipi fait apparaître l'image, le refroidissement par la chasse d'eau la fera disparaître).

Les Chinois sont formidables aussi, mais pas là-dessus

En Chine, il est interdit de jeter son papier toilette dans les WC (les canalisations n'y survivraient pas) : il est donc d'usage d'avoir un récipient à côté des toilettes, avec un gros tas de papier merdeux décantant à l'air libre toute la sainte journée. Heureusement, une loi limite désormais officiellement le nombre de mouches autorisées au mètre carré dans les WC publics : trois, pas une de plus !

Les Anglais sont formidables

Petit coin et poésie ne sont pas forcément incompatibles : en 1595, c'est un poète anglais, John Harrington, filleul de la reine Elizabeth, qui met au point à sa demande le premier système de chasse d'eau (le pauvre, il devait vraiment faire des poèmes de merde pour qu'on lui demande ça...).

La Journée mondiale des toilettes

Afin de promouvoir des toilettes salubres dans tous les pays, le 19 novembre a été décrété "Journée mondiale des toilettes". Si l'intitulé prête à ricaner, les problèmes abordés font pourtant froid dans le dos : dans le monde, 1 femme sur 3 n'a pas accès à des toilettes salubres près de chez elle. La honte les poussant à sortir principalement la nuit, et à rechercher des endroits isolés parfois loin de chez elles, les femmes sont alors particulièrement vulnérables. Dans les bidonvilles de Delhi, 94 % des femmes interrogées déclarent avoir été brutalisées ou harcelées à cette occasion. Bonjour l'angoisse. D'après WaterAid, dans les pays en développement, les femmes passent 97 milliards d'heures par an à chercher un coin discret où se soulager, à raison de 15 minutes par jour. De quoi finalement relativiser un peu nos petits malheurs...

Trois ans de notre vie

Nous allons en moyenne 2 500 fois aux toilettes par an, à raison de 6 à 8 fois par jour. Ce qui représente presque trois ans de notre vie. En moyenne, 2 min 30 à 3 minutes côté femmes, contre 1 min 30 à 2 minutes côté hommes. Bien sûr, cette moyenne de trois ans ne prend en compte que le temps passé sur le trône... mais pas le temps passé à chercher des toilettes, ou dans les files d'attente. On vous laisse faire le calcul...

Pissouillon

Un joli conte de Féepipi

Le jour où naissa la jolie princesse, trois fées se penchirent sur son berceau. La première disa : "Elle aura la beauté", la deuxième disa : "Elle aura son BTS Coiffure". La troisième fée, un peu bourrée à la Kro, disa : "Hihihi, elle aura une vessie minuscule et elle aura tout le temps envie de faire pipi, on va bien se marrer, les filles !"

La belle princesse grandissa, et elle passait son temps à faire le ménage et la lessive, parce qu'elle se faisait tout le temps pipi dessus. On la surnommait "Pissouillon", elle n'osait pas sortir de son château.

Un soir qu'elle sanglotait, sa marraine la Bonne Féepipi lui apparaissa, et lui disa : "Pleure, mon enfant, tu pisseras moins." Alors la jeune pisseuse se lamenta : "Vazy, ça m'soule, y a une teuf ce soir, moi j'veux aller kiffer la vibe avec mon prince !"
La Bonne Féepipi lui réponda : "Enfile donc cette grosse citrouille vide sous ta robe, ça te fera une couche-culotte ultra-absorbante, tu pourras au moins tenir jusqu'à minuit."

Ravie, Pissouillon descendit deux bouteilles de champagne, et le prince la remarqua immédiatement, parce que c'était elle qui se tortillait le plus gracieusement dans la longue file de princesses patientant devant les WC de la salle de bal.
À minuit moins cinq, elle sentit que c'était maintenant ou jamais ; mais la file de jeunes filles devant les toilettes était encore très longue, et sa citrouille-culotte débordait... Alors elle dut s'enfuir du château pour ne pas se faire pipi dessus devant toute la Cour.

Mais le prince, fasciné par sa beauté, décida de la retrouver : il se mit en tête de rechercher la jeune fille ayant la plus petite vessie du royaume. Il alla de porte en porte avec un minuscule verre de kir royal, demandant à chacune de se retenir le plus longtemps possible.

Lorsqu'il arriva chez Pissouillon, elle se fit pipi dessus, rien qu'à la vue du verre plein. Il sut aussitôt que c'était celle qu'il cherchait. De retour au château, ils se marièrent et eurent beaucoup de couches-culottes à changer.

Fin

JUST MARRIED
PRINCE ?... ... PIPIIII !
ON PEUT S'ARRÊTER, MON GENTIL PRINCE ?...
ALLEZ, JUSTE CINQ MINUTES, QUOI !...
HÉ, STEUPLÉ ! VAZY, ARRÊTE TON PUTAIN DE CARROSSE, LÀ !!!...

Normalement à ce stade du livre, vous êtes prêtes à affronter... THE

PIPIGAME

Le but du jeu est de reformer des paires de cartes pour faire pipi le plus vite possible : à chaque problème, sa solution.

(3 ou 4 joueurs)

On mélange les cartes rouges et les cartes vertes séparément, puis on distribue à chaque joueur un nombre égal de cartes rouges (problèmes) et de cartes vertes (solutions).

Le premier joueur pose sur la table la carte rouge de son choix.

Si le joueur suivant possède dans son jeu la carte verte (solution) qui forme la paire, il la pose par-dessus, sinon il dit “Je me retiens !” et passe son tour au joueur suivant.

Ainsi de suite jusqu'à ce qu'un joueur pose la solution correspondante.

Il élimine ainsi la paire de cartes, puis pose à son tour une nouvelle carte rouge, et ainsi de suite.

Le premier joueur à se débarrasser de toutes ses cartes a gagné, et peut crier “PIPI” !

US de PQ!
DES MOUCHOIRS!
ÇA PUUUE!!
DU PARFUM!
T UN JETON!
UN JETON!
ET MON POURBOIRE?
TIENS, UN POURBOIRE!
I MES RÈGLES!
UN TAMPON!
VERROU CASSÉ!
JE COINCE LA PORTE!
URK! UN ÉTRON!
JE TIRE LA CHASSE!
FAUT UN CODE!
LE CODE WC!
1 2 3 4 5 6 7 8 9 A 0 B
CODE WC 73B5

LIVRET ÉDUCATIF POUR LES FILLES QUI ONT TOUJOURS ENVIE DE FAIRE PIPI!
LIVRET ÉDUCATIF POUR LES FILLES QUI ONT TOUJOURS ENVIE DE FAIRE PIPI!
LIVRET ÉDUCATIF POUR LES FILLES QUI ONT TOUJOURS ENVIE DE FAIRE PIPI!
LIVRET ÉDUCATIF POUR LES FILLES QUI ONT TOUJOURS ENVIE DE FAIRE PIPI!
LIVRET ÉDUCATIF POUR LES FILLES QUI ONT TOUJOURS ENVIE DE FAIRE PIPI!
LIVRET ÉDUCATIF POUR LES FILLES QUI ONT TOUJOURS ENVIE DE FAIRE PIPI!
LIVRET ÉDUCATIF POUR LES FILLES QUI ONT TOUJOURS ENVIE DE FAIRE PIPI!
LIVRET ÉDUCATIF POUR LES FILLES QUI ONT TOUJOURS ENVIE DE FAIRE PIPI!

UT CONSOMMER !
UN CAFÉ, DUCON...
C'EST OÙ, LES WC ?
AH, C'EST ICI...
TOILETTES
PLEIN DE SACS...
JE TE LES GARDE !
PLUS DE LUMIÈRE !
J'ALLUME MON PORTABLE !
14:35
A LA QUEUE !
JE FRAUDE !
MEN
EMBOUTEILLAGES !
J'INSULTE TOUT LE MONDE !
BÂTARD SA MÈRE BORDEL TU VAS AVANCER OUI OU MERDE, DUCON !
URK, DU PIPI !
OUF, JE CAMOUFLE !
MAUVAISE PIOCHE : UNE CONSTIPÉE !
TIC ! TAC !
BONNE PIOCHE : UN LAXATIF !
SPLOUTCH

LIVRET ÉDUCATIF POUR LES FILLES QUI ONT TOUJOURS ENVIE DE FAIRE PIPI!